儒士风雅

中华文化传承的力量

熊必成 熊仪 ◎ 编著

江西人民出版社
全国百佳出版社

图书在版编目（CIP）数据

儒士风雅：中华文化传承的力量 / 熊必成、熊仪编著. —南昌：江西人民出版社，2023.07
　　ISBN 978-7-210-14548-6

Ⅰ.①儒… Ⅱ.①熊… Ⅲ.①中华文化—文集 Ⅳ.①K203-53

中国国家版本馆 CIP 数据核字（2023）第 020688 号

儒士风雅——中华文化传承的力量　　熊必成　熊仪　编著
RUSHI FENGYA——ZHONGHUA WENHUA CHUANCHENG DE LILIANG

责 任 编 辑：王醴颉
书 籍 设 计：同昇文化传媒

 出版发行

| 地　　　　址：江西省南昌市三经路 47 号附 1 号（330006）
| 网　　　　址：www.jxpph.com
| 电 子 信 箱：jxpph@tom.com
| 编辑部电话：0791-86891727
| 发行部电话：0791-86898815
| 承　印　厂：江西千叶彩印有限公司
| 经　　　　销：各地新华书店

开　　本：720 毫米 × 1000 毫米　1/16
印　　张：13.5
字　　数：200 千字
版　　次：2023 年 7 月第 1 版
印　　次：2023 年 7 月第 1 次印刷
书　　号：ISBN 978-7-210-14548-6
定　　价：46.00 元
赣版权登字 -01-2023-142

版权所有　侵权必究
赣人版图书凡属印刷、装订错误，请随时与江西人民出版社联系调换。
服务电话：0791-86898820

序

文不在兹乎？

殷周之际，中华文化经历了一个大的转向，即从关注外在的天、帝、神等，转向关注人自身。清末学者王国维说"中国政治与文化之变革莫剧于殷、周之际"。周初以周公为代表的政治家，在总结强大的殷商王朝何以败落、弱小的周邦何以兴起并取得天下的教训和经验时，对天命所系作了一个新的解释："皇天无亲，惟德是辅。"上天并没有一定与谁亲近、不与谁亲近，天命并非固定于一人一姓一国，上天看中的是人是否有德。殷纣因为失德，所以失天下，文武有德，所以得天下。这种对人的自身德行的关注与重视，开启了中华文化的人文精神先河，为后世的孔子及儒家思想的形成奠定了基础。《儒士风雅——中华文化传承的力量》以周公为首为始,其意义亦在于此。

孔子传承三代文化,特别是传承了周初的人文精神。孔子的伟大创造,在于这种人文精神打破了由少数贵族统治者的垄断,成为人人可为、人人拥有的精神,亦成为有德君子的人格特质,充分彰显出人的自主性与创造力,是区别于道家、佛家及其他中国传统思想流派的基本特征。

孔子之后,尽管因为时代不同,儒家思想的表现也各相差异,但其最核心的部分——人文精神与君子人格,或可称之为"儒士风雅",却跨越时空,贯彻始终,正如孔子所说,"吾道一以贯之"。这就是儒家思想的传承,也是中国主流文化精神的传承。本书自周公、孔子始,直至近现代,选取了各个时代共38位具有代表性的儒学大家,叙述他们的生平,点评他们的思想,不仅让我们了解这些人物本身德政功绩,激发我们的向善之心、修德之为外,还为我们梳理了儒家思想的传承脉络,非常具有启发意义。

文以载道,"文"在哪里?"文不在兹乎?"文在每个人的身上,文化的传承也在每个人的身上。对于今天的人们来说,继承传统,需要"创造性转化、创新性发展"。同样,对于儒家思想的传承,也应当如此。这是当代有志于中华传统文化的学者和研究者的责任,期待作者未来有更多的研究成果呈现给我们。

本书附录部分为作者自学生时代起所作的诗、所写的文。从中可以窥探作者青年时代的理想志向、思乡之情、孝亲之为,是作者思想感情的流露。读后感觉作者年轻时也是一位激情四射的文学青年,随着年龄的增长,变得深沉与多思。但是始终初心不改,为理想奋斗的精神未减,也印证了作者在文中所说的"在奋斗和追求中成长"。

我认识必成先生很多年了,是好朋友,他因小我10岁,总是叫我一声

序

"大哥"。他曾向我讲起他 26 年间如何从一名职场"菜鸟"成长为集团公司总裁的奋斗历程。所以,在我的印象中,他是一位颇有成就的青年企业家,只是对中华传统文化有兴趣。直到有一天,他带来一本厚厚的书稿,征求我的意见时,我才大吃一惊。原来,必成先生除了是一位成功的企业家,还是一位笔耕不辍的学者、作家。

必成先生将书稿交给我的同时,也交给我一个我从未做过的事——为书作序,真有点勉为其难。只是读过书稿,感慨颇多,于是说点心得,权当为序耳。

李荣祥

2021 年 8 月 27 日于南昌九龙湖致一斋

作者为孔子思想研究者,时任江西省社会主义学院(江西中华文化学院)党组成员、副院长,后任一级巡视员。其对孔子思想的研究,从"五经"和《论语》入手,探讨孔子之"天""人性""仁"等观念,视角独特,与众不同,拓展了"孔学"研究的新路径,著有《人之为人——以孔子之视角》。

前言

  中华自上古夏、商而后周，目前考证只有商末期才有文字记载，可称为有记载的历史时期，一般认为中华文明自此始。而《尚书·序》记载："古者，伏羲氏之王天下也，始画八卦，造书契，以代结绳之政，由是文籍生焉。"儒学与《易》及《八卦》有着不可分割的联系，由此说明自伏羲始，文明始。而儒学文化自文王、武王、周公时期提供学术思想基础，周公制礼作乐，而后开启几百年"郁郁乎文哉"时代，为此周公姬旦被后人称为"先圣"。春秋战国时，各封建诸侯目无宗主天子，自相争霸杀戮兼并，群雄并起，由是，周公之"礼崩乐坏"，孔子自感历史使命在肩，带领他的学生们周游列国，试图以自己的一套仁政思想来阻止诸侯破坏天下一统的封建王国，维系君君、臣臣、父父、子子的封建伦理和宗法体系。然孔子"如丧家之犬"回到鲁国，遂修《诗》《书》，定《礼》

前言

《乐》,序《易》作《春秋》,并开中华私塾教育之先河,以此教化天下。儒学文化思想由孔子在春秋时期整理、扩充而集大成,孔子因材施教、有教无类,倡导天人合一,而后圣贤辈出。自孔子取仁,后曾子以孝、子思子以诚、孟子以义、荀子以礼的儒学文化与诸子百家相辅相成,开百花齐放、百家争鸣的先秦文化之风,儒学经典四书《论语》《大学》《中庸》《孟子》皆成并流传千古。儒学文化遂成为中华文明中不可或缺之部分,亦为中华民族核心的思想元素和行为指导原则。

之后汉儒董仲舒倡导独尊儒术,将儒学显现化,也杂糅神化学说,虽差点将儒学带偏原来轨道,但也被谓为"新儒学"。同时,儒学被官方化、政治化,极大地推动了儒学文化的传承和发展。至司马迁横空出世,用"史家之绝唱,无韵之离骚"之《史记》将孔子提到史无前例的高度,在《孔子世家》中浓墨重彩地赞誉孔子为"至圣先师",又将中华儒学文明重新纳入"修身齐家治国平天下"的正常轨道上。东汉许慎、马融、郑玄等,虽博学多才,广泛传播、传授儒学,为儒学文化发扬光大作出了巨大贡献,但大多时间他们只是在整理、删定和注解五经、十三经。

东汉末年,天下大乱,礼崩乐坏的程度与战国时期相比有过之而无不及,儒学式微,甚至于没落而至无用武之地,以至于魏晋时玄学大行其道。但儒学的光辉不会永远被湮没,其间有南北朝以颜之推为代表的儒学将士为其坚守阵地,亦产生不屈的光芒,让王侯将相不敢小觑!

唐王朝与佛教有千丝万缕的联系,有唐一代,佛教风靡天下,佛、道二教的强势流行,也促使儒学兼容并包,这使得韩愈、李翱虽力排佛、道,但博采众长之后使唐朝新儒学重显华夏,儒家道统之说自此成立。自尧舜禹汤,经文武周,达孔孟及以下而传万世,形成儒家文化和君权专制文化相并行且相辅相成之治国理政现象。也可说是"道并行而不相悖"吧!从此也实践着儒学正统思想:以"明明德、亲民、止于至善",以"格物、致知、诚意、正心、修身、齐家、治国、平天下"为宗旨,从而与君王共同治理天下,以达"内圣外王""修己安人"。

儒士风雅
——中华文化传承的力量

历史发展至宋明，儒家理学由于北宋经济及文艺思想空前繁荣昌盛，明朝的天下一统而更加光芒四射。欧阳修以"芦秆"当笔，承韩愈、柳宗元古文运动之风，倡导文道并重，气质非凡，同时极力提拔栽培后学。之后，唐宋八大家其出有五，成为一代文坛领袖，令人叹为观止！天才爱莲君子周敦颐作《通书》《太极图说》，将儒、释、道相融相合，在儒学的血脉中，吸收和融入中国化的佛说和土生土长的道法自然文化，奠定宋明理学基础，后又演化为宋明"尊德性"和"道问学"两大支派。张载一改汉唐专注典籍章句和魏晋玄空清谈之风，以"为天地立心，为生民立命，为往圣继绝学，为万世开太平"的历史责任感、使命感与儒学圣人孔子精神一脉相承。程朱理学上接周敦颐，将理、气阐发至极致，朱熹终成宋儒之理学集大成者，亦使朱学成为明清官定之学，科举考试评题标准虽要求一字不能更改实为可笑，然也说明朱熹所创造的又一次宋朝新儒学地位及时代不可撼动。陆九渊之"吾心即是宇宙"可谓大气磅礴，开宋明两代心学；陆朱之"鹅湖之辩""南康之辩"让中国学术思想光芒万丈。陆王心学上承思孟性善论，再接周敦颐关于《中庸》之"诚"之阐发，后王阳明"龙场悟道"将宋儒心学集大成。至此，心学不但泽被中华，传至日本后，整个东南亚尽以王阳明为师，实在是千古一人！

清廷入关后，中华文化差点被摧毁，黄宗羲、顾炎武抗击异族的出发点并不完全像岳飞、韩世忠、文天祥一样只为收复河山、保家卫国，骨子里亦有为使中华之儒学文脉不至于沉沦、中断的责任感。此时儒学在思想趋势上走向更加经世致用，也又一次在回味孟子的"民为贵，社稷次之，君为轻"的民本思想，虽还未达到孔子"贬天子，退诸侯，讨大夫，达王事而已矣"的高度，也算是一次民本思想启蒙。可怜可叹中华儒士的一番良苦用心，在一般普通百姓看来是多么可笑，毕竟，他们在清廷文字狱的时代，儒家最为看重的受之于父母的发肤身体都朝夕难保，生命如草芥。所幸，泱泱中华之儒脉道统的威力，可以熔化帝王自私之心，不同程度地弥补帝王传嫡不传贤的不利统治境况。清朝对汉儒的思想压抑也是显而易见的，在文化专制的高

压下，他们只好又转向了类似汉朝的训诂、注疏和考据、方志，戴东原和章学诚各领风骚。

辛亥革命一声炮响，清政府倒台，孙中山"驱除鞑虏，恢复中华"虽然成功，但由于国门大开、列强侵入，中国自此更多灾多难。华夏虽思想、文化、言论自由得到极大解放，但"拯厄除难"更为紧要，中国的精英大都奔赴在救亡图存的道路上，湖北黄冈熊十力参加武昌起义，参加护法讨袁后，自知非将帅之才，自觉中华儒学文化不可泯灭，作《原儒》，重新发掘儒学史及儒家经典，遂继宋朝朱熹之后又开创一代新儒，孔子的"天人合一"思想终于得到最终的阐释，生命的意义终于和宇宙的存在和发展趋于一致。再之后，经过新民主主义革命，自尧舜禹汤文武周及孔孟，又及史迁、董仲舒，再及唐宋明韩愈、朱熹、王阳明，他们所尊崇的大一统时代终于由于中华人民共和国成立而实现。

愿中华儒学文化像其倡导之世界观：生生不息！

谨希望以此著述为中华儒学文化传承尽自己绵薄之力。亦自知学识浅薄，无法创新学术文化，只好学习孔子"述而不作"之态度，编辑叙述博大精深的儒学文化传承中的部分点滴。依据历代先贤之论述儒学文化道统，自尧舜禹汤及以下，已历千百世不朽而弥新，华夏之儒者不可胜数，如我德疏才浅者，自然亦无法穷尽所有儒家先贤之人物，亦无法完全准确地考据历代先贤的生活轨迹和丰功伟绩，亦无法完全准确地叙述他们为儒学的传承所作的贡献，更无法创造性表达他们的学术思想。

所以，我只是凭自己所爱看的书籍之记载，凭与所喜欢之朋友的交流，加之平常的所思所想的过去、现在和将来，选取一些自己认为有代表性的先贤叙述之，选取他们重要的生活经历、主要的学术观点、重要的儒学贡献叙述之。我没有太多创新的学术观点呈现给读者，亦无高深莫测的哲学思想给世人以警示，只是想通过编辑叙述先贤们的"自强不息，厚德载物"之儒家精神，让后人找到学习的榜样；让先贤们的"知者不惑，仁者不忧，勇者不惧"去完善健全人之人格，播下至诚至善的种子。

儒士风雅
——中华文化传承的力量

本书中所选的人物，有的为开宗立派者，如孔子、司马迁、郑玄、程朱、陆王及熊十力者；有的是天才创造者，如周公旦、董仲舒及周敦颐、陆九渊等；有的是肩负历史使命者，如孟子、张载、梁启超、许慎等；有的是生命坎坷而坚强不屈者，如颜之推、韩愈、欧阳修、黄宗羲等；有的是一生致力于传道授业者，如曾参、马融、朱熹、刘宗周等。他们的贡献让我辈受益无穷，他们共有的特别之处在于都为儒家学术和儒家精神发扬光大及传承作出了积极努力，为中华文化传承作出了特殊贡献。

本书可作为励志故事来欣赏，也可用爬梳儒家学术思想的方式阅读，从中可以了解儒家文化发展变迁脉络，了解中华文化传承之历史。

同时，我们认为中学生有了解历史及文化传承的必要性，也肩负着传承中华儒家文化的重要使命。为了让广大中学生顺畅地阅读此书，我邀请了读中学的女儿熊仪一起参与编著，让她以中学生的视角参与选取代表人物、梳理儒家文化传承脉络，让她以中学生的阅读习惯来校正文章故事的行文风格。愿这些文章，或者这些儒士的真、善、美故事能滋养华夏之未来，让祖国的少年以历史故事传承中华文化，继承中华优秀传统。

目录

1 周公 ········· 001
2 孔子 ········· 005
3 曾参 ········· 010
4 孔伋 ········· 014
5 孟轲 ········· 017
6 荀况 ········· 021
7 董仲舒 ········· 025
8 司马迁 ········· 029
9 王充 ········· 034
10 班固 ········· 038
11 许慎 ········· 043
12 马融 ········· 046
13 郑玄 ········· 049
14 颜之推 ········· 053
15 韩愈 ········· 057
16 李翱 ········· 062
17 欧阳修 ········· 065
18 周敦颐 ········· 070

19 张载 …………………… 074

20 程颢、程颐 …………… 078

21 朱熹 …………………… 082

22 张栻 …………………… 087

23 陆九渊 ………………… 091

24 薛瑄 …………………… 095

25 陈献章 ………………… 099

26 王阳明 ………………… 103

27 王艮 …………………… 107

28 顾宪成 ………………… 111

29 刘宗周 ………………… 114

30 黄宗羲 ………………… 118

31 顾炎武 ………………… 121

32 颜元 …………………… 125

33 戴震 …………………… 128

34 章学诚 ………………… 132

35 辜鸿铭 ………………… 135

36 梁启超 ………………… 139

37 熊十力 ………………… 144

附录：熊必成诗文选 …………… 148

参考文献 ……………………… 201

1 周公

周公（生卒年不详），姓姬，名旦，是历朝八百年之周朝开国天子周文王姬昌的第四个儿子，第二代天子周武王姬发的弟弟，第三代天子周成王姬诵的叔叔。周公是西周初期杰出的政治家、军事家、思想家、教育家，被尊为"元圣"和儒学先驱。

商纣末期，周文王姬昌在其封地已经取得了商纣王帝辛的信任，得到纣王所赐弓矢、斧钺，可以有征伐之权。姬昌受命七年后驾崩，武王姬发即位，拜姜太公为国师，以周公旦为辅相。周公旦作为武王最为得力的助手，又是武王的同胞兄弟，因此，无论军国大事，还是疑惑不解之小事，武王总是喜欢和他商讨。

武王担心推翻商纣的时机到来后如果不抓住会很快消失，就经常同周公秘密商讨。周公建言，说："决定的因素在于德。对周朝来说，最重要的是尊敬天命，最好暂不冒犯诸侯，特别是和好的诸侯不要再失去，要继续修明道德，且不要安逸无为，否则会难以收拾。"武王即位第二年，又向周公求策，希望恭敬而勤谨地为天下，此时，周公仍劝诫武王顺德谋事。

殷商最后一代君王帝辛，为帝乙少子。约公元前 1076 年，帝乙逝世，辛继位，天下称之为"纣"。帝辛十年（约前 1066），帝辛征伐夷方，商军击败夷方军，前后费时约 250 天。帝辛十五年，帝辛复征夷方，历时约九个

月。帝辛天资聪颖，有口才，行动迅速，接受能力很强，而且气力过人，能徒手与猛兽格斗。史称早期纣王是个很有本事的人，能文能武，把东夷和中原进行了统一，确属一代有功于华夏统一的君王。之后，纣王骄奢自满，在商朝首都朝歌（今河南省鹤壁市）大建琼室、鹿台、玉门，在酒池肉林中生活，不听忠臣进言，沉湎于女色，加上征战多时，造成国力空虚，从而盘剥百姓，终致民怨鼎沸。武王九年（前1047），在周公的辅佐下，武王东征伐纣。武王先以会盟形式试探商朝的虚实以及诸侯的反应，结果，八百诸侯不期而至。武王十一年，在周公的帮助下，武王誓师伐纣，纣军溃败。纣王登上鹿台，自焚而死。第二天，"周公把大钺，召公把小钺"，在武王左右，向上天和殷民宣布纣王罪状，正式宣布殷朝灭亡，周朝取而代之，武王为天子。此时周公的地位仅次于武王。

周公的功绩不仅仅为辅助武王取纣而代之，其一生的功绩被《尚书·大传》概括为："周公摄政，一年救乱，二年克殷，三年践奄，四年建侯卫，五年营成周，六年制礼乐，七年致政成王。"

武王灭商纣两年后即去世，这时成王还幼小，周公担心天下人知道武王去世而背叛朝廷，就替成王代为处理国事，主持国家局面。分封在管地后的三监之一的管叔鲜和他诸弟在国中散布流言："周公将对成王不利。"周公自知心中无愧，一切都是为了周朝基业。他告诉太公望（姜尚）、召公奭"武王早逝，而成王年幼，我只是为了完成稳定周朝大业，才迫不得已这样做。"西周初年，周公辅佐天子周成王东征，灭掉伙同武庚（纣王之子，分封在殷地邶）叛乱的奄国，然后分封周公长子伯禽于奄国故土，沿用周公初封地"鲁"称号建立鲁国，国都定为曲阜，疆域在泰山以南（今山东省南部一带）。

平叛之后，为了加强对东方的控制，周公旦向周成王建议迁国都至成周洛邑（今河南省洛阳市）。同时，又把在东征战争中俘获的大批商朝贵族迁入洛邑，为防止殷民或原殷商贵族再次掀起叛乱，就派召公驻守洛邑，兵力达八师，以加强监督。如何统治被征服的地区，是战争胜利之后的棘手问

1 周公

题,历史上,殷人灭夏、周人灭殷,都是拱卫国都的周边封国导致的。武庚和奄国及淮夷的叛乱,表明重要地区不能再用旧的氏族首领,必须分封周族中最可信赖的成员到国都周边拱卫王都,周公旦的这一规划,对稳定国都起到了重要作用。这便是"四年建侯卫"。

周公摄政第五年,正式大规模营建成周洛邑。对于周公营建洛邑的过程,在《尚书》有载,公元前1039年十二月,洛邑初步建成,周王朝为此举行了盛大庆典。自此,周成王在新邑开始接见诸侯,在新都洛邑祭祀文王。

周洛邑建成之后,周公召集天下诸侯,正式册封,并宣布各种典章制度,谋划周王朝的长治久安。在政权与各种制度建设方面,周公在继承前代制度的基础上,制定了一套完整的典章制度,例如封建制度、宗法制度、井田制度等,井然有序,使政治上有君臣上下之分,有等级之别;在宗法上有大宗、小宗之别;在经济上分公田、私田,使民不失其耕。周公在继承《万》舞的基础上,于建周制礼作乐时先主持制作了歌颂武王武功的武舞《象》和表现周公、召公分职而治的文舞《酌》,合称《大武》;洛邑告成时,为了祭祀文王,周公又主持为传统的《象》舞配以新的诗歌,制作了表现文王武功的《象》舞。为巩固周人内部团结,在"礼"方面强调的是"别",即所谓"尊尊";而"乐"的作用是"和",即所谓"亲亲"。这样制礼作乐是为了强调有别有和。因此,周公制礼是在政治上确立以宗法制度为核心的嫡长制和分封制,是典章制度基础上的文化之大成。

周公辅成王(汉画像石)

儒士风雅
——中华文化传承的力量

周公的制礼作乐，实际上是创立一种新的政治制度，这种制度便是封建制度，中国历史则由此封建制度而开始成天下一统，尊周室为共主。这种封建制度能使中国渐进于一统，尤其可贵之处在于分权而不是集权，不用集权方式而能使天下一统，这就需要礼治，儒家正是崇仰于此。如何能实现礼治？周公于是定宗法，将社会伦理进行确立，也使家庭伦理建立起来，个人内心的自然孝悌观念就形成天下人孝悌观念，从而将个人道德观念转化为"修身、齐家、治国、平天下"的理想目标。井田制也是周公制礼作乐的一部分。封建制度必定封土建国，就必须有田，井田分配于各宗各族，则无须为农奴。至此，我们知封建属于政治，宗法属于伦理，井田属于经济，只有将此三者融为一体，才能形成治道，形成人道，也即天道。

一般认为，《诗经》由周公所主持创制，《诗经》的创作为西周施政的需要而形成，《诗经》的风、颂、雅是为了教化民众、统一民众思想观念、统一并教化民间语言文字的需要而作。

周公旦摄政六年后，成王已经长大，他决定还政于成王，还政前，周公作《无逸》，以殷商的灭亡为前车之鉴，告诫成王要先知"稼穑之艰难"，不要纵情于声色、安逸、游玩和田猎，然后"还政成王，北面就臣位"。《尚书》记载，周公在国家危难之时，不避艰辛挺身而出，担当辅佐幼小君主的重任；当国家转危为安，走上顺利发展的时候，毅然让出权位还政于王，这种无畏无私的精神，始终被后代称颂。"周公吐哺，天下归心。"周成王后将周公葬于文王墓，表示"不敢以臣礼视之"。

作为儒学奠基人，在法治文化上周公提出了"明德慎罚"的道德规范，制定了完整的礼仪仪式。周公提出"敬德保民"的治世思想，制礼作乐，建立典章制度，其言论见于《尚书》诸篇，如《金縢》《无逸》等。周公对《易经》创作也有贡献。约500年后，周公被孔子推崇，被孔子称为"圣人"，周公思想对儒学的形成起到了奠基作用，汉代儒家将周公、孔子并称，因此，周公被儒家尊称为"元圣"。

2
孔子

孔丘（前551—前479），字仲尼，被世人尊称为孔子。孔子被誉为中华文化思想的集大成者，儒家学说创始人，是我国古代伟大的思想家、政治家、教育家。

孔子主张"仁义""礼乐""德治天下"，以及"君以民为中心"，其创立的儒家思想渗入中国人的日常生活，在世界上很大一部分文化领域产生了重要影响。

据历史书籍记载，孔子的祖先曾是殷商王室的后裔，为宋国的贵族，先祖是商朝开国君主商汤。西周时期，周公姬旦平叛三监之乱后，为了安抚商朝的贵族和后裔，周成王封商纣王的庶兄微子启于商丘，称为宋国，同时奉殷商祀。微子启死后，其弟微仲即位，微仲便是孔子十五世祖。到六世祖得孔氏，叫孔父嘉。孔父嘉曾做过宋国大夫，后官至大司马，封地在宋国栗邑。后来孔父嘉在宫廷内乱中被杀，其子木金父逃到鲁国的陬邑居住。木金父之孙叫孔防叔，孔防叔的孙子叔梁纥就是孔子的父亲，官至陬邑大夫。

孔子的父亲叔梁纥是鲁国有名的勇士，叔梁纥先娶施氏，生育九个女儿，娶妾生一儿子名为孟皮，但有足疾。在当时情况下，女儿和有残疾的儿子都不宜继嗣，这便有了晚年时叔梁纥与年轻女子颜氏生下的孔子。传说孔子刚出生时头顶中间凹陷，又因孔子母亲颜氏曾去尼丘山祈祷，然后怀上孔

儒士风雅
——中华文化传承的力量

子，故起名为丘，字仲尼。孔子3岁的时候父亲叔梁纥病逝，之后，孔子家境步入贫寒。

孔子自小聪明好学，到20岁的时候已经学识渊博，被人称赞"博学好礼"。孔子不仅继承了父亲叔梁纥的英勇，身高九尺六寸（按春秋时期1鲁尺约等于20.5厘米计算，今约1.97米），且臂力不同寻常，并不是后世一般所认为的文弱书生。

孔子酒量超凡，据说从未喝醉过。当然孔子从不以武勇和酒量为豪。孔子青年时便热衷于"从政"，也许是生活所迫，也许是为了实现理想，先后做过管理仓库的小官（委吏）、管理畜牧的小官（乘田），事无大小，孔子都力争做到近乎完美。后来，由于孔子的超凡能力和学识，不断得到提拔。孔子到51岁时，被任命为中都宰（相当于现在的市长），政绩显著，一年后升任司空（相当于现在的住建部部长），再后来升任大司寇（最高司法长官），至56岁时"摄行相事"，兼管外交事务。

孔子虽执政时间很短，鲁国内政外交等各方面却都大有起色，实力大增，百姓逐步进入安居乐业、遵守礼法状态，史书有载"路不拾遗，夜不闭户"。当鲁国与齐国就土地纷争谈判时，孔子通过机智过人的外交手段，逼迫齐国将战争中侵占鲁国的大片土地还给了鲁国。这时候，孔子杰出的执政能力让齐国感到真正的威胁，于是，采取计谋，让鲁国国君沉湎于酒色之中，听从奸佞之臣话语，挤走了孔子。孔子离开鲁国官场后，认为自己的政治理念可以拯救"礼崩乐坏"的春秋时代社会状况，便开始带领弟子周游列国，宣传自己的政治主张。虽然他们基本上受到各国的礼遇，但是，孔子坚持的政治理想与当时急功近利的"霸道"不相吻合，一直没有得到真正的重用。

政治上的不得意，使得孔子可将很大部分精力用在教育上。孔子很早就开创私学，打破官方教育垄断，实行"因材施教""有教无类"。孔子弟子多达3000人，其中贤人72人，被各国重用为高官栋梁。孔子创立的儒学和开创的私学，对后世的影响是极其深远的，被誉为"天纵之圣""天之木铎""千

2 孔子

古圣人",更被后世尊为"至圣先师""万世师表"。

颠沛流离十四年后的公元前484年,年近70的孔子被迎回鲁国尊为国老。之后,孔子不再从政,而专注于教育和整理古籍。曾修《诗经》①《尚书》②,定《礼》③《乐》④,序《周易》⑤,作《春秋》。《春秋》是孔子在自己意见不能被采纳、政治主张无法实行的状态下而作。《春秋》以褒贬评定从鲁隐公记述至鲁哀公,历十二代君主,计242年是非,作为天下评判是非的标准,从而贬抑无道之天子,斥责为非作歹之诸侯,声讨乱政之大夫,为的是使之后国家政事通达。《春秋》内容上作为鲁国的史书,其作用早已超出史书范畴,《春秋》用词遣句"字字针砭"成为独特的文风,被称为"春秋

---

① 《诗经》的作者绝大部分已经无法考证,传为尹吉甫采集、孔子编订。《诗经》在先秦时期称为《诗》,或取其整数称《诗三百》。西汉时被尊为儒家经典,始称《诗经》,并沿用至今。《诗经》在内容上分为《风》《雅》《颂》三个部分。《风》是周代各地的歌谣;《雅》是周人的正声雅乐,分《小雅》和《大雅》;《颂》是周王庭和贵族宗庙祭祀的乐歌,分为《周颂》《鲁颂》和《商颂》。
② 《尚书》又称《书》《书经》,是我国第一部上古历史文献和部分追述古代事迹著作的汇编。《尚书》分为《虞书》《夏书》《商书》《周书》。战国时期总称《书》,汉代改称《尚书》,即"上古之书"。因是儒家五经之一,又称《书经》。现存版本中真伪参半。
③ 《礼》,古代礼学的经典,后来又称作《礼经》《仪礼》。《礼》是先秦六经之一,亦是南宋十三经之一。主要有三种观点:(一)西周初周公撰写说,古代许多经学家都持此说;(二)春秋后期孔子撰作(或修订)说;(三)写成于春秋之前,但未必是周公所作,孔子对其有所整理增损,并以之教授学生,成书于战国,后又经汉儒编定。现代礼学名家沈文倬先生持此说,并得到许多礼学研究者的认可。
④ 《乐》,六经之一。先秦有《乐经》存世。关于《乐经》的流传,有多种说法:一种认为《乐经》已亡于焚书坑儒中的秦火;另一种认为《周礼·春官宗伯章》之《大司乐》为《乐经》;还一种认为本来就没有《乐经》这部经。《乐经》已亡于秦火观点较为可信,采纳的人也最多。
⑤ 《周易》即《易经》,是传统经典之一,相传系周文王姬昌所作,内容包括《经》和《传》两个部分。《经》主要是六十四卦和三百八十四爻,卦和爻各有说明(卦辞、爻辞),作为占卜之用;《传》包含解释卦辞和爻辞的七种文辞共十篇,统称《十翼》,相传为孔子所撰。

笔法""微言大义",为历代文化史家奉为经典。《春秋》为我国第一部编年体史书,后来出现了很多对《春秋》所记载的历史进行补充、解释、阐发的作品,被称为"传",代表作品是称为"春秋三传"的《左氏春秋传》①《春秋公羊传》②《春秋谷梁传》③。虽然《春秋》作者有争论,但其经过孔子之手修而改之是毫无争议的,因而,《春秋》主旨即为孔子主旨亦为世所公认。孔子本人也说:"知我者,其惟《春秋》乎?罪我者,其惟《春秋》乎?"(《孟子·滕文公下》)

孔子作为中国儒学传统大宗,其平生为学,最尊仰的是周公,故曰:"甚矣吾衰也!久矣吾不复梦见周公。""孟子之意,自有禹,而后有此人类天下;自有周公,而后有此人类中国;自有孔子,而后有此人类教化。"(钱穆《周公与中国文化》)所以孔子以周公为所志所学而教化天下。孔子对于《诗经》进行整理,虽不同于周公创制《诗经》用于政治上实际使用,但认为《诗经》对于个人道德修养是非常重要的,所以教其子伯鱼,曰"不学《诗》,无以言",又曰"兴于《诗》,立于礼,成于乐",还曰"小子何莫学夫《诗》?《诗》可以兴,可以观,可以群,可以怨。迩之事父,远之事君;多识于鸟兽草木之名。"孔子教学以《诗》《书》为两大重要内容。孔子生于周公之后的春秋时期,孔子深深懂得周公制礼作乐的用心良苦,所以"吾从

---

① 《左氏春秋传》又名《左传》,相传是春秋末年鲁国的左丘明为《春秋》作注解的一部史书,记载历史上起于鲁隐公元年,止于鲁哀公十四年。它是中国第一部叙事详细的编年体史书,同时也是杰出的历史散文巨著。
② 《春秋公羊传》又名《公羊传》,作者为卜商的弟子,战国时齐国人公羊高。起初只是口说流传,西汉景帝时,传至玄孙公羊寿,由公羊寿与胡母生一起将《春秋公羊传》着于竹帛。《公羊传》注本有东汉何休撰《春秋公羊解诂》、唐朝徐彦撰《公羊传疏》、清朝陈立撰《公羊义疏》。
③ 《春秋谷梁传》又名《谷梁传》,作者相传是子夏的弟子,战国时鲁人谷梁赤(赤或作喜、嘉、俶、寘)。起初也为口头传授,至西汉时才成书。晋人范宁撰《春秋谷梁传集解》、唐朝杨士勋撰《春秋谷梁传疏》,清朝钟文烝所撰《谷梁补注》为清代学者注解《谷梁传》的较好注本。

2 孔子

周",而且从周公对西周的贡献中总结出了"仁"的哲学思想,所以说,孔子论仁的宗旨便是周公治周天下之礼,便是周公的封建、宗法和井田三大创制的精神所在。"仁"是孔子的核心思想,孔子把"仁"作为最高的道德原则、道德标准和道德境界。他用"仁"把道德规范集于一体,形成以"仁"为核心的伦理思想结构,包括孝、悌、忠、信、礼、义、廉、耻、仁、爱、和、平等内容。孔子的"仁"说,体现了一种人道精神,人道也即天道。

回顾自己的一生,孔子说:"吾十有五而志于学,三十而立,四十而不惑,五十而知天命,六十而耳顺,七十而从心所欲,不逾矩。"

海昏侯墓出土孔子屏风(复原),衣镜背面是漆木屏板,形状近似屏风,上面绘有孔子、颜回等人的图像和传记,这也是迄今为止世界上留存的最早孔子画像。

3
曾参

曾参（前505—前435），字子舆，世人称为曾子，春秋末期鲁国南武城（今山东省临沂市平邑县）人，其父亲曾点①为孔子弟子。曾子为孔子嫡传弟子，造诣高深，以修身和孝行而著称，著述丰富，据传为孔子传道弟子，儒学大师，被尊为"宗圣"。

据记载，曾子的祖先可追溯为黄帝。黄帝有个儿子叫昌意，昌意生颛顼（zhuān xū），颛顼生鲧，鲧生禹。禹的儿子启建立中国历史上第一个世袭王朝，国号夏后氏，开启了封建君主世袭制度。夏朝建都于阳城（今河南省登封市）。夏王少康封其次子曲烈为甑子爵，建立鄫国，此便为曾姓发源。鄫

---

① 曾点（生卒年不详），字皙，又称曾晳、曾晰、曾蒧，春秋时期鲁国南武城人，"宗圣"曾参之父，孔子弟子，孔门七十二贤之一，是孔子30多岁第一批授徒时收的弟子。曾点夫妇对后代教育堪称严苛。据《孔子家语》载，有一次，曾点叫曾参去瓜地锄草，曾参不小心将一棵瓜苗锄掉。曾点认为其子用心不专，便用棍子责打曾参。由于出手太重，将曾参打昏。当曾参苏醒后，立即退到一边"鼓琴而歌"，以此告诉父亲，作为儿子的他并没有因为被误打而忿忿不平。孔子知道此事后，说："小杖则受，大杖则走，今参委身待暴怒，以陷父不义，安得孝乎！"曾参说："参罪大矣！"据《孟子·尽心章》载："曾晳嗜羊枣，而曾子不忍食羊枣。"以上史实被当地人总结，形成对后世产生巨大影响的"棍棒之下出孝子"之说。

3 曾参

国历经夏、商、周,至春秋公元前567年被莒国所灭。鄫国太子鄫巫逃到鲁国南武城居住,其后代为鄫氏,改为"曾"姓,其玄孙即为曾参。

曾参随父学诗书,常"伏案苦读"。公元前490年,16岁的曾参拜孔子为师,勤奋好学,深得孔子真传。公元前482年,孔子爱徒颜回①病故,曾参遂成为孔子学说的主要继承人。公元前480年曾参26岁,一日,孔子呼而告知,曰:"参乎?吾道一以贯之。"曾子答曰:"唯。"后来曾子在同学的追问下,曰:"夫子之道,忠恕而已矣。"(《论语·里仁》)之后,孔子亲以《大学》②之道授曾参。公元前479年,孔子卒,曾参像丧父一样,守孔子墓三年。孔子临终时曾将其孙(儿子孔鲤的遗孤)子思托付于曾参。

孔子去世后,曾参承孔子遗志聚徒讲学,积极推行儒家思想,传播儒家文化。孔子之孙孔伋(字子思),师从曾参,之后孟子师承子思子的门人再传弟子,形成思孟学说。所以说,曾子上承孔子之道,下启思孟学派,对孔子创立的儒家思想既有传承,又有发展和发扬,在儒家文化的传承中具有承上启下的重要地位。

曾子性情沉静,举止稳重,为人谨慎,待人谦恭,平时以孝著称。当时齐国想聘他为官,他提出须在家孝敬父母,辞而不就。曾子提出"慎终",是指人们要慎重地办理父母的丧事;提出"追远",希望人们虔诚地追念祖先;提出"民德归厚",即要注重人民的道德修养。他主张"吾日三省吾身"(《论语》)的修养方法,即"为人谋而不忠乎?与朋友交而不信乎?传不习乎?"

---

① 颜回(前521—前481),字子渊,亦称颜渊。鲁国都城(今山东省曲阜市)人,被世人尊称"复圣""颜子"。春秋末期鲁国思想家,儒学大家,孔门七十二贤之首。13岁拜孔子为师,终生师事之,是孔子最得意的门生。孔子对颜回称赞最多,赞其"好学仁人"。
② 《大学》是一篇论述儒家修身齐家治国平天下思想的散文,原是《小戴礼记》第四十二篇,相传为春秋战国时期曾子所作。经北宋程颢、程颐竭力尊崇,南宋朱熹又作《大学章句》,最终和《中庸》《论语》《孟子》并称"四书"。宋、元以后,《大学》成为学校官定科举考试的必读书,对中国古代教育产生了极大的影响。

儒士风雅
——中华文化传承的力量

据考，曾子著有《大学》《孝经》[①]等儒家经典，后世儒家尊他为"宗圣"。《大学》中，曾子开宗明义提出"明德、亲民、止于至善"三纲，"格物、致知、诚意、正心、修身、齐家、治国、平天下"八目。以"古之欲明明德于天下者，先治其国；欲治其国者，先齐其家；欲齐其家者，先修其身；欲修其身者，先正其心；欲正其心者，先诚其意；欲诚其意者，先致其知。致知在格物；物格而后知至，知至而后意诚；意诚而后心正，心正而后身修；身修而后家齐，家齐而后国治，国治而后天下平"构成一套完整的封建伦理道德政治哲学体系。

《大学》之道，在明明德，在亲民，在止于至善，然后用诚意正心，修身齐家治国平天下，一以贯之，其渊源出自孔子的核心思想"仁"，也同周公"制礼作乐"的目的相一致，"个人道德确立的同时，即是天下人观念的确立；家庭伦理确立的同时，即社会伦理同时确立"。《大学》的三纲八目，亦体现曾子"人为贵"的思想，即人人平等思想。《大学》强调自天子以至于庶民，皆以修身为本，人类不分贵贱高下，在道德伦理之前人人平等，希望都遵三纲、循八目而一以贯之，以达治平天下。

曾子提出"人为贵"之思想。《曾子·天圆》中指出："阳之精气曰神，阴之精气曰灵，神灵者，品物之本也。阴阳之气，各从其行，则静矣。偏则风，俱则雪，交则电，乱则雾，和则雨。阳气胜，则散为雨露；阴气胜，则凝为霜雪。阳之专气为雹，阴之专气为霰，霰雹者，一气之化也。"《曾子·天圆》认为毛虫、羽虫是阳气化生的，介虫、鳞虫是阴气化生的。人是倮生的，无羽毛鳞甲，乃是禀阴阳精气而生。这就明显地突出人在天地万物中的地位，认为人是天地间最伟大的。因此，《曾子·大孝》说："天之所生，

---

① 《孝经》为儒家十三经之一，是阐述孝道和孝治思想的中国古代儒家经典著作，历代儒家研习之核心书经。现在流行的版本是唐玄宗李隆基注，宋代邢昺（bǐng）疏。全书共分18章，被看作是"孔子述作，垂范将来"的经典。典故"曾子避席"即出自《孝经》。

3 曾参

地之所养，人为大矣。"《孝经》说："天地之性人为贵。"《小戴礼记·礼运》①说："人者五行之秀气也。"其实，发现并重视人的作用，这正是儒家思想的精华所在。

公元前436年，曾参70岁，他病卧在床，把弟子们叫到跟前，说："你们掀开被子，看看我的脚和手，都保全得很好吧！我一生像《诗经》上说的'战战兢兢，如临深渊，如履薄冰。'小心谨慎，以保其身。从今以后，我知道身体能够免于毁伤了。你们要记住啊！"他始终不忘修养功夫，他认为君子修养之道，贵在三条："动容貌，斯远暴慢矣；正颜色，斯近信矣；出辞气，斯远鄙倍矣。笾豆之事，则有司存。"意思是说：使自己的容貌庄重严肃，这样可以避免粗暴、放肆；使自己的脸色一本正经，这样就近于诚信；使自己说话的言辞和语气谨慎小心，这样就可以避免粗野和背理。至于祭祀和礼节仪式，自有主管这样事务的官吏来负责。

公元前435年的一天夜里，病危中的曾子认为自己一生没做大夫，觉得身子不该躺在鲁大夫季孙氏送给他的华美的席子上，于是招呼儿子们撤去，之后不久去世，享年71岁。

---

① 《小戴礼记·礼运》：《礼记》又名《小戴礼记》《小戴记》，成书于汉代，相传为西汉礼学家戴圣所编。《礼记》是中国古代一部重要的典章制度选集，共二十卷四十九篇，书中内容主要写先秦的礼制，体现了先秦儒家的哲学思想、教育思想、政治思想、美学思想，是研究先秦社会的重要资料，是一部儒家思想的资料汇编。分篇《礼运》，是借孔子之口论述礼的发展演变和运用。

4 孔伋

孔伋（前 483—前 402），字子思，孔子之嫡孙。《史记·孔子世家》载：孔子生鲤，字伯鱼，伯鱼生伋，字子思。

子思是战国初期的思想家，在孔孟儒学的传承中占有重要地位。史书记载，孔子临终前托孤，将子思托付于曾参，不言而喻，说明其受教于孔子弟子曾参，后人尊其为"述圣"。

子思的生平事迹已难详考，据《孟子》记载：子思曾被鲁缪公、费惠公尊为贤者，以师礼相待，但终未能被起用。《汉书·艺文志》著录《子思》二十三篇，但现已佚。传统观点认为《中庸》①为子思所作。《史记·孔子世家》记载：尝困于宋，子思作《中庸》。汉唐儒者郑玄、孔颖达等也如此认为，宋儒对这一说更是肯定，程朱一派对子思《中庸》尤为尊崇，认为"此篇乃孔门传授心法，子思恐久而差也，故笔之于书，以授孟子"（朱熹《四

---

① 《中庸》是中国古代论述人生修养境界的一部道德哲学专著，是儒家经典之一，原属《礼记》第三十一篇。相传为战国时期子思所作。宋代学者将《中庸》从《礼记》中抽出，与《大学》《论语》《孟子》合称为"四书"。宋元以后，成为学校官定科举考试的必读书，对中国古代教育和社会产生了极大的影响。其主要注本有程颢《中庸义》、程颐《中庸解义》、朱熹《中庸章句》、李塨《中庸传注》、戴震《中庸补注》、康有为《中庸注》、马其昶《中庸谊诂》和胡怀琛《中庸浅说》等。

书集注》)。由此,孔子的儒学学说自曾参传至子思,之后,子思的弟子门人再传至孟子,他上承孔子中庸之学,下启孟子心性之论,而形成后人称为的"思孟学派"。

子思思想基本上以"诚"为核心,《中庸》认为"诚者,天之道也;诚之者,人之道也。诚者,不勉而中,不思而得;从容中道,圣人也。诚之者,择善而固执之者也。"又说:"诚者自成也,而道自道也。诚者物之始终,不诚无物。是故君子诚之为贵。诚者,非自成己而已也,所以成物也。成己,仁也;成物,知也。性之德也,合外内之道也,故时措之宜也。不诚无物。"指出"人通过修养如果达到至诚的境界,便可与天地鬼神相通"。《中庸》提出"仁义礼智圣"概念,对以后"五常"的形成产生影响。"中庸"一词最早出现在《论语》①中,但中庸的思想方法却是有历史渊源的。尧让位于舜时就认为治理天下要"允执其中","元圣"周公旦在制定西周法律时强调用刑要做到"中正",作为"述而不作,吾从周"的孔子,在形成儒学思想时进一步提出了"中庸"概念。"子思子忧道学之失传而作"《中庸》。子思子"中庸"思想是指不偏不倚、无过无不及的态度,"中"是"中和""中正"的意思,"庸"同"用",是常、用的意思。子思子把孔子的中庸思想进行了系统阐述,认为"中庸"是最高的道德和自然法则;同时进一步阐述天道和人道的关系,从而把"中庸"从"执两用中"的方法论提升到了世界观的高度。

《中庸》中没有对"性"的善恶作下结论的说明,但其实际内容无不体现性善之倾向,从这方面来说,《中庸》是人性论的创始者,而后来者孟子是性善论的先行者。《中庸》开篇即说:"天命之谓性,率性之谓道,修道之

---

① 《论语》,是孔子弟子及再传弟子记录孔子及其弟子言行的语录文集,成书于战国前期。全书共 20 篇 482 章(以杨伯峻的《论语译注》为据),以语录体为主,叙事体为辅,较为集中地体现了孔子及儒家学派的政治主张、伦理思想、道德观念及教育原则等。作品多为语录,其主要特点是语言简练、浅近易懂,却用意深远,有一种雍容和顺、纡徐含蓄的风格,往往能在简单的对话和行为中展示人物形象。

谓教。"认为一切成就都是"性"中事而已,都是人性所固有的,就看个人能否"尽性"。于是极力宣扬"尽性"之重大意义,所谓"唯天下至诚,为能尽其性;能尽其性,则能尽人之性;能尽人之性,则能尽物之性;能尽物之性,则可以赞天地之化育;可以赞天地之化育,则可以与天地参矣。"这样,将其核心思想"诚"与"尽性"进行完美结合,形成系统学说。对于"中和"概念,子思子也有系统的阐发。子思子认为,喜怒哀乐是一个人常有的感情,而当这些情感还没有发泄出来的时候,心是平静的,无所偏倚,这就叫作"中";人类情感总是要发泄的,但如果发泄出来,在外表现为合乎节度、礼仪,没有"过",也没有"不及",这就叫作"和",从而认为"中"是天下万事万物之根本,而"和"则是天下共行之大道。所以,人如果能把"中""和"的道理扩充开来,这样天地宇宙的一切都会自然而然地各归其位,各安其所,万物也就自然生长了。《中庸》还提出"博学之,审问之,慎思之,明辨之,笃行之"的学习过程和认识方法。

　　《礼记》中的《中庸》《表记》《坊记》《缁衣》等四篇为子思所作,《中庸》与《大学》《论语》《孟子》[①]合称"四书"。《中庸》提出的诚、性、中、和之说等引发后世儒家无穷的阐发和讨论,形成一个个儒学流派分支,也由此而产生众多哲学体系,让中华哲学文明更加灿烂辉煌。

---

① 《孟子》是儒家的经典著作,战国中期孟子及其弟子万章、公孙丑等著。最早见于赵岐《孟子题辞》:"此书,孟子之所作也,故总谓之《孟子》。"《孟子》被南宋朱熹列为"四书"。《汉书·艺文志》著录《孟子》十一篇,现存七篇十四卷,共计3.5万字,260章。

5

孟轲

孟轲（约前372—前289），字子舆，战国时期邹国（今山东省邹城市）人，世人尊称为孟子。我国古代著名哲学家、思想家、政治家、教育家，与孔子并称"孔孟"，有"亚圣"之称。

孟子是鲁国贵族孟孙氏后裔，孟孙氏衰微后，后代中有一支从鲁国迁居至邹国，这就是孟子的祖先。孟子受业于子思门人再传弟子，和孔子一样，在母亲的教育下成长，孟母三迁①的故事一直广泛被后人称颂。孟子对孔子推崇备至，之后继承孔子的仁政学说，寄希望将儒家的政治理论和治国方略形成具体的治国主张，让天下君主接受并推行于天下。孟子生活的年代已是战国时期，战争频繁不断，各诸侯国君主听从于张仪、苏秦等纵横家推行的"合纵连横"外交政策，在这样的社会背景下，孟子亦像孔子一样开始周游列国，游走在各诸侯国之间，推行其继承的儒家政治主张。

孟子第一次到齐国，向齐威王宣扬"仁政无敌"主张，然而，君王无法

---

① "孟母三迁"原文：邹孟轲母也，号孟母。其舍近墓。孟子之少也，嬉游为墓间之事，踊跃筑埋。孟母曰："此非吾所以居处子。"乃去，舍市傍。其嬉游为贾人街卖之事。孟母又曰："此非吾所以居处子也。"复徙舍学宫之傍。其嬉游设俎豆，揖让进退。孟母曰："真可以居吾子矣。"遂居。及孟子长，学六艺，卒成大儒之名。君子谓孟母善以渐化。

也不愿接受其思想，孟子最后连齐威王赠送的"兼金一百镒"都没有接受就离开了齐国。之后，孟子游历至宋国，宣扬"性善"学说，"言必称尧舜"，进言"只要好好学习先王，就可以把国家治理好"。孟子离宋后回到邹国，滕文公让人两次到邹国来向孟子请教怎样办理丧事。孟子到滕国后，滕文公又亲自向孟子请教如何治理国家。孟子说："民事不可缓也。"他认为人民有了固定产业收入，才会有稳定的思想道德以及良好的社会秩序。而人民生活有了保障之后，还必须进行伦理教化。公元前320年，孟子离开滕国至魏国，魏惠王见到孟子就问："叟，不远千里而来，亦将有以利吾国乎？"孟子答："王！何必曰利？亦有仁义而已矣。"那时，梁魏屡败于他国。梁惠王说："晋国，天下莫强焉，叟之所知也。及寡人之身，东败于齐，长子死焉；西丧地于秦七百里；南辱于楚。寡人耻之，愿比死者壹洒之，如之何则可？"于是孟子对梁惠王讲了一套施仁政于民的思想，他认为只要施仁政于民，就是用木棍也可以击败敌国的坚兵利甲。其实，梁惠王问的是如何报复打击敌国的具体办法，孟子却以空泛的道理来回答，得不到重用是必然的。

　　公元前318年，孟子再次游历齐国，受到礼遇。齐宣王问："齐桓、晋文之事，可得闻乎？"孟子答曰："仲尼之徒，无道桓、文之事者，是以后世无传焉，臣未之闻也。无以，则王乎？"从齐宣王的问题可以看出，齐宣王本是想效法齐桓公、晋文公图谋霸业，孟子的政治主张却是效法"尧、舜、周"实行仁政，这在各诸侯要求迅速富国强兵的时代总是被看成不识时务之人。在齐国期间，孟子对齐宣王进言颇多，但齐宣王只是把他当作一位德高望重的长者来看待，齐宣王并不可能推行他那套仁政主张，于是，孟子离开了齐国。

　　孟子一生的经历，颇像孔子，过着长期的私人讲学生活，自中年以后就怀着理想的政治抱负，带着学生周游列国。最盛之时，学生达"后车数十乘，从者数百人"。孟子每到一处，常受到隆重礼遇，却都无所顾忌地批评国君，甚至尖锐的责备，使得国君"顾左右而言他"，但他的政治主张始终不能被接受。

5 孟轲

孟子在游历期间，根据战国时期的经验，总结各国治乱兴亡的规律，曾提出富有民贵思想的著名命题"民为贵，社稷次之，君为轻"，认为应把人民放在第一位，国家其次，君在最后。孟子认为君主应以爱护人民为先，为政者要保障人民权利，赞同若君主无道，人民有权推翻政权。孟子十分重视民心向背，通过大量历史事例反复说明这是关乎得失天下的关键问题，对于国家的治乱兴亡，具有重要意义。

孟子也将孔子的仁政学说进行了发展，这便是以仁政为内容的王道政治论，把"亲亲""长长"的原则运用于政治，以缓和阶级矛盾，维护封建统治阶级的长远利益，一方面严格区分了统治阶级和被统治阶级的社会地位，认为"劳心者治人，劳力者治于人"，拟定了从天子到庶人的等级制度；另一方面把统治者和被统治者的关系比作父母对子女的关系，主张统治者应该像父母一样关心人民的疾苦，人民也要像对待父母一样对待统治者。

公元前312年，61岁的孟子回到故乡，专门从事教育和著述。与弟子万章等人整理《书经》，将阐发的孔子儒家思想写成《孟子》一书。孟子哲学思想的最高范畴是"天"，把天想象成为具有道德属性的精神实体，"诚者，天之道也"。把"诚"的道德观念规定为天的本质属性，但孟子思想还是以唯物成分居多，"天将降大任于斯人也，必先苦其心志，劳其筋骨，饿其体肤，空乏其身，行拂乱其所为，所以动心忍性，曾益其所不能。"（《孟子·告子下》）① 孟子认为一切事物的发展和变化有其自身的进程，客观世界有其自身的规律，是人不能违反的。

孟子的主要哲学思想是"性善论"，这是其谈人生和政治的基本理论依

---

① 告子是东周战国时思想家，法家人物，曾受教于墨子，有口才，讲仁义。由于孟子在人性问题上和他有过几次辩论，所以他的学说有一些记录在《孟子·告子》中。其名不详，一说名不害，大约为游学于稷下学宫（战国时期高等学府）的一位学士。告子认为"生之谓性"，"食色，性也"。人性和水一样，"水无分于东西"，性也"无分于善不善"。由于孟子的思想与其根本对立，故《孟子》中的记载不尽可信，而告子无著作，因此其真实思想已然无从查考。

据。他认为："恻隐之心，人皆有之；羞恶之心，人皆有之；恭敬之心，人皆有之；是非之心，人皆有之。恻隐之心，仁也；羞恶之心，义也；恭敬之心，礼也；是非之心，智也。仁义礼智，非由外铄我也，我固有之也。"（《孟子·告子上》）他把人性归于天性，把道德归于人性，又把人性归于天赋，构成了他的先验主义的人性论。孟子认为人生下来就有"仁义礼智"四德的本性，之所以会出现作恶的现象，是由于环境的影响，所以他强调教育的重要性和可能性。孟子也遵循"有教无类""因材施教"的教育思想，他的教育贡献也是无与伦比的。

《孟子》一书不仅是儒家的重要著作，也是中国古代极富特色的散文文集。其文不但气势如虹，感情洋溢，而且逻辑严密，既滔滔雄辩，又从容不迫，用形象化的语言和事物，阐述了复杂的道理。其中《鱼我所欲也》《得道多助，失道寡助》《寡人之于国也》《生于忧患，死于安乐》和《富贵不能淫》等文编入当代中学语文教科书中。

孟子高唱"人性善""良知良能""人皆可以为尧舜"的宏论，坚持自己的理想；他对公孙衍、张仪之类"一怒而诸侯惧，安居而天下熄"的纵横之士嗤之以鼻。理想支撑着孟子一天天走向年老体衰，公元前 289 年，84 岁高龄的孟子于冬至日撒手人寰。

6 荀况

荀况（约前313—前238），字卿，因"荀"与"孙"二字古音相通，又称孙卿，世人尊称为荀子。战国末期赵国人，著名思想家、文学家、政治家、教育家。

齐威王时期，齐国首都临淄（今山东省淄博市临淄区）有一个地方叫稷门，"稷下"因在稷门附近而得名。齐国君王为了招贤纳士，聚集天下有识之士共议朝政，并让各家思想在此进行交流和切磋，遂设立"稷下学宫"，凡进入稷下学宫的学士，都赐给府第，封为上大夫，让他们不处理政事而专门议论学术。稷下学宫，鼎盛之时，多达千人，成为诸子百家风云际会之地。在这里，齐宣王曾经拜孟子为客卿，享受十万钟粟米的俸禄，其时，孟子以"亚圣"之尊，成为诸子百家学术领袖。后来，齐宣王逐步冷落孟子，孟子离开齐国，归隐家乡著书，标志着孟子时代告一段落，而荀子时代正悄然到来。

荀子初到稷下学宫游学时才15岁，正值青春年少，学习交流对他的成长不言而喻，为其日后成为一代大儒打下坚实的基础。在齐湣王灭宋国后，荀子曾游历至秦国、楚国。

后至齐襄王时，荀子重返稷下，这时他已经60岁了。齐襄王重视荀子才华，对荀子"法后王"的帝王之术极为认同，于是重用，让其担任稷下领

儒士风雅
——中华文化传承的力量

袖"祭酒"。

公元前264年，荀子应秦昭王聘，西游入秦。荀子踌躇满志且兴奋不已前往秦国，想以自己的政治主张进行游说。此次西游入秦，荀子见到了秦国具有传奇色彩的相国范雎①，经相互阐述治国方略，发现与范雎见解有许多相似之处。可是此时，范雎的地位已在秦国日渐下沉，在秦昭王心中的信任度亦不似从前，所以，荀子的游说没有成功，遂怅然离开秦国。离秦后，荀子返赵，与临武君论兵；向赵孝成王建言用兵之道"用兵攻战之本，在乎壹民"，"善附民者，是乃善用兵者也"（《荀子》），从这里可以看出，荀子是以儒家思想用兵，是兵之道，而不同于临武君的兵之术。

公元前255年，范雎真正大难临头。他的救命恩人郑安平在其所守之城受到进攻时因贪生怕死而投降，而郑安平之所以成为守城之将是因为相国范雎举荐，按照秦国连坐之法，范雎难逃其咎，于是范雎假称有病而交出相印，不久，就抑郁而死。范雎之死对荀子心理上产生了巨大冲击，他明白了官场的险恶，意识到自己推行的政治主张无法实现。因此，他回到楚国，打算在楚国安静地生活，不再参与政治，以求与世无争。

在楚国时，名声在外的荀子进入楚国相国黄歇②的视线。楚国相国春申君黄歇为战国著名四公子之一，素来好结交天下豪杰，门客众多，仰慕荀子才华，举荐他为兰陵县令，荀子遂又进入政坛。然而，命运总是不像设计的那么美好，公元前238年，楚考烈王去世，春申君在为楚考烈王办丧事的过

---

① 范雎（？—前255），亦作范且，字叔，魏国芮城（今山西省芮城县）人，战国时期著名政治家、纵横家、军事谋略家、战略家、外交家、秦国宰相，因封地在应城，所以又称为"应侯"。范雎辅佐秦昭襄王上承秦孝公、商鞅变法图强之志，下开秦始皇、李斯统一六国。他被认为秦国历史上继往开来的一代名相。李斯曾高度评价范雎："昭王得范雎，废穰侯，逐华阳，强公室，杜私门，蚕食诸侯，使秦成帝业。"
② 黄歇（前314—前238），楚国大臣，曾任楚相。黄歇游学博闻，善辩。楚考烈王元年（公元前262），以黄歇为相，赐其淮河以北十二县，封为春申君。与魏国信陵君魏无忌、赵国平原君赵胜、齐国孟尝君田文并称"战国四公子"。

程中，被舍人李园设计杀害，其家也尽被抄杀，这样一来，荀子也遭免职。从此，荀子彻底告别仕途，在兰陵县找了一个僻静的地方定居下来。

无心跻身政治，也无心游历列国的荀子，此时已是70多岁的老人了，他只想潜心著书立说，阐发个人的人生见解，弘扬所学所悟儒家思想，也想综合诸子百家之言，教育后人，传之后世。这时候，荀子身后有两名战国末期极为重要而又有影响力的门弟子，即韩非[①]和李斯[②]，可惜，之后的李斯道德品质让后世诟病，即使贵为秦国相国，也无法给荀子增添光彩，北宋苏轼在《荀卿论》中认为"荀卿明王道，述礼乐，而李斯以其学乱天下"，道出当时实际情况。而韩非的法家思想在战国时期大行其道，并使秦国一统天下，让其师徒名扬四海。

荀子对诸子百家批评颇多，唯独推崇孔子的思想，认为这是最好最完美的治国理念。荀子以孔子的正宗继承人而自居，着重继承了孔子的"外王学"，对儒家思想也有极大的发展。在人性问题上，荀子极力提倡"性恶论"，主张人性有恶，否认天赋道德，同时强调后天环境和教育对人的影响。荀子的"性恶论"与孟子的"性善论"相反，在他看来，所谓人性就是人的自然本性，就是"生之所以然者"，这就表现为"饥而欲饱，寒而欲暖，劳而欲休"，实质上就是人天然有的抽象的自然生物本性和心理本性，人性就是"生而有好利焉""生而有疾恶焉""生而有耳目之欲，有好色焉"，认为凡是没有经过教化的东西是不会为善的。当然，荀子的人性论虽然与孟子的

[①] 韩非（约前280—前233），又称韩非子，战国末期韩国新郑（今河南省新郑市）人。中国古代思想家、哲学家和散文家，法家学派代表人物。韩非是法家思想之集大成者，集商鞅的"法"、申不害的"术"和慎到的"势"于一身，将辩证法、朴素唯物主义与法融为一体，为后世留下了大量言论及著作。其学说一直是中国封建社会时期统治阶级治国的思想基础。韩非著有《孤愤》《五蠹》《内储说》《外储说》《说林》《说难》等文章，后人收集整理编纂成《韩非子》。

[②] 李斯（？—前208），战国末楚国上蔡（今河南省驻马店市上蔡县）人。秦朝著名政治家、文学家和书法家。年轻时在当地为郡吏，战国末年入秦国，初为秦相吕不韦舍人。

"性本善"相反，但他也同意人人都能成为圣人，不过这是后天的环境和经验对人性改造、教化而产生的结果。

荀子的社会政治思想是希望借助圣人的教化，从而用感化、教化、治理来转变天下百姓的性情，达到"使天下皆出于治"的目的，这就是儒家的外王学。而这以往的儒家大多都把这种外王学的正当性与天道、天命相联系，只有荀子能够从现实社会组织、社会结构方面证明自己的外王学，这是因为荀子的经验知识的立场使他得以面对现实，回到现实社会组织、社会结构的源出处。荀子认为，通过圣人的制礼作乐，将社会分为上下有序的等级，以解决基于物欲的争斗。"分"的标准就在于"礼"，即封建伦理道德和礼法制度。荀子的观点显然与"元圣"周公的"制礼作乐"治理国家和教化天下相一致，也与孔子的"内圣外王"相一致，是春秋时代的人文精神道德的延续和传承，是孔子的核心思想"仁"的现实体现。关于"仁"靠什么维系？荀子也有两个说法：首先是义，即侧重于道德教化；其次是礼，即侧重于礼法制度。但从思想教化方面来看，后人认为孟子更喜欢以"义"来阐述主张，而荀子更愿意用"礼"来阐发儒家思想。

荀卿著述代表作《荀子》流传于世，经汉代刘向[①]删定后成三十二篇。他的文章与孟子的气势磅礴、热情洋溢不同，其特点是说理透彻，结构严谨，气势浑厚，多用排比和比喻。公元前238年，荀子在得意弟子韩非的侍奉下终于楚国兰陵县（今山东省苍山县兰陵镇），享年75岁。

---

① 刘向（前77—前6），原名刘更生，字子政，沛郡丰邑（今江苏省徐州市）人。汉朝宗室大臣、文学家，楚元王刘交（汉高祖刘邦异母弟）之玄孙，阳城侯刘德之子，经学家刘歆之父，中国目录学奠基人。

7
董仲舒

董仲舒（前179—前104），字宽夫，广川人（今河北省景县），西汉思想家、政治家、教育家。

董仲舒的家乡广川大董故庄村在衡水东南，古为齐鲁、燕赵、三晋交界处，是家有大批藏书的大地主阶级家庭。董仲舒在30岁时开始讲学，学生众多，自己也悉心传授。与别人不同的是，他常于课堂上挂一副帷幔，自己在帷幔里面讲课，而学生弟子在外听讲。公元前134年，汉武帝即位后下诏让各地推荐贤良文学之士，征求治国方略，董仲舒参加策问。汉武帝连续对董仲舒三次策问，所涉及的内容基本上是天人关系问题，史称为"天人三策"。第一次策问，汉武帝问的是巩固统治的根本道理；第二次策问，汉武帝所问内容为治理国家的政术；第三次策问主要是问天人感应的问题。在对策中，董仲舒详细阐述了天人感应理论，论述了君权神授思想，并提出了"罢黜百家，独尊儒术"①的建议，形成了著名的"天人三策"：天人感应、大一

---

① 罢黜百家，独尊儒术：董仲舒于元光元年（前134）提出的治国思想，在汉武帝时开始推行。《董仲舒传》中记载了董仲舒提议的原话为"推明孔氏，抑黜百家"。在《武帝纪赞》中，记载了汉武帝的做法是"罢黜百家，表章六经"。这时期推行的儒家治国思想，已非春秋战国时期的儒家思想原貌，而是掺杂道家、法家、阴阳五行家的一些思想，体现了儒家思想的"兼容"与"发展"特性，是一种与时俱进的新思想。它维护了封建统治秩序，神化了专制王权，因而受到中国古代封建统治者与历代儒家推崇。

统、独尊儒术。董仲舒认为，"道之大原出于天"，自然、人事都受制于天命，因此反映天命的政治秩序和政治思想都应该是统一的。董仲舒的儒家思想很好地维护了当时的集权统治，为当时的社会稳定做出了贡献。

经过汉武帝策问之后，董仲舒被委派为江都易王刘非的国相。刘非为汉武帝兄长，是一介武夫，为人粗暴、残忍，但董仲舒以著名的《举贤良对策》而成为举国知名大儒，声望很高，刘非也对他极其尊重，甚至有把董仲舒比作辅助齐桓公称霸诸侯的管仲的想法，希望董仲舒辅佐自己，以篡夺汉武帝政权。但董仲舒是主张"春秋大一统"的，只好对刘非的要求借古喻今地进行规劝，希望刘非端正自己的想法，不要谋求眼前的不仁义的利益，暗示刘非不要称霸。刘非事实上也听从了规劝，之后没有轻举妄动，而且采纳了董仲舒提出的"独尊儒术"等一系列治国方略，不仅一改过去王室成员的狂妄骄奢、不轨图谋，而且尽守臣职，忠君效祖，为此得以善终。

之后，公元前125年，董仲舒再任胶西王刘瑞的国相。刘瑞也是汉武帝的哥哥，据传比刘非更蛮横、更凶残，凡前往胶西任相国、二千石级的官员，如果奉行汉朝法律治理政事，刘瑞总是找出他们的罪过先报朝廷，如果找不到罪过，就设诡计用药毒害致死。刘瑞诡计多端，从不听从良言劝谏，过去很多做过他国相的人都被杀死或毒死，但他对董仲舒这个著名的大儒，却很尊重。虽然如此，董仲舒还是提心吊胆，小心谨慎，恐遭不测，于是四年后辞官回家，从此结束仕禄生涯。董仲舒辞官后居家著述，其间，仍受汉武帝重用，每当朝廷有大事须议论，都会让使者或廷尉前往咨询，希望得到解决办法。

董仲舒的"天人感应"论是以社会、政治来说的，他用孔子《春秋》中所记载的自然现象来解释社会政治，要求人君为政应"法天"而行"德政"，应"为政而宜于民"，否则，上天便不答应，就会降下各种灾异现象而警告君王，如果君王仍不知悔改而一意孤行，"天"就会让其失去天下。刘邦建立汉朝之后，汉初休养生息，推行黄老之学，无为而治，经济发展局面也很快呈现，后现"文景盛世"。景帝三年（前154），汉景帝采用晁错的《削藩

策》，先后下诏削夺楚、赵等诸侯国的封地。这时吴王刘濞就联合楚王刘戊、赵王刘遂、济南王刘辟光、淄川王刘贤、胶西王刘卬、胶东王刘雄渠等刘姓六王，以"清君侧"为名发动叛乱，是为"吴楚七国之乱"。七国叛乱由于梁国的忠君坚守及汉将周亚夫的率兵攻击而在三个月内被平定。

西汉景帝时出现的吴楚七国之乱，差点使统一的国家再次面临分裂的危险。汉武帝即位后，董仲舒从《公羊春秋》中找到了"大一统"的依据，提出了"大一统"论，他在《天人三策》中说："《春秋》所主张的大一统，是天地的常理，适合古今任何时代。"这样，董仲舒从儒学经传中寻找到了统一的理由，建言汉武帝巩固集中统一政权，防止分裂割据的局面出现。董仲舒在《天人三策》中认为：只有六艺（礼、乐、射、御、书、数）才是读书人应必备的六种才能，其他教派学说只会迷惑百姓，只有思想统一才能有统一法度，百姓才有统一行为准则，这样才能维护和巩固政治的统一。董仲舒认为必须用思想上的统一来巩固政治统一，而思想应该统一于以孔子为代表的儒家上来，这样才能长治久安。于是，汉武帝"罢黜百家，独尊儒术"。董仲舒炮制的一套以"天人感应"、"阴阳五行"和"三统"（黑统、白统、赤统）循环等学说为基础的理论根据，以"君权神授"和"三纲五常"为核心的"君学"体系，被后世称为"新儒学"——"董学"。"董学"虽然并不是原来的儒学，不与孔孟为代表的儒学完全相同，也与以荀子等为代表的儒学大相径庭，但其根源所在亦是周公旦的封建伦理思想和宗法制度的道德观念，董仲舒创制这一套体系也得益其研究《公羊春秋》所得。《汉书·五行志》云："汉兴，承秦灭学之后，景武之世，董仲舒治《公羊春秋》，始推阴阳，为儒者宗。"这说明董仲舒是以孔子之《春秋》杂糅阴阳和五行等神化思想，遂使得先秦的儒学而神化为儒教。这时亦将孔子神化，从而将儒家的学术思想，蜕变为迎合统治者的政治需要，这也许就是新儒学之"新"所在。中国专制统治在他之后之所以得以一直延续2000多年，也正是得益于像董仲舒这样的"理论家"不断涌现。董仲舒把孔子的朴素"天人合一"思想，神化为服从天子的旨意就是服从天意，为君王建立了绝对的权威。

董仲舒以《公羊春秋》为依据，整理周代以来的天道观点和阴阳五行学说，在吸收法家、道家、阴阳家思想的基础上，建立了一套新的思想体系，对当时社会出现的一系列哲学、政治、社会、历史等问题给予了回答，从而成为汉代官方统治哲学。

汉武帝太初元年（前104），董仲舒于家中病卒。有一次汉武帝经过他的墓地，为表彰他对汉朝的贡献，特下马致意。由此，董仲舒的墓地又称为"下马陵"。

董仲舒一生致力教学和著述，有《天人三策》《士不遇赋》①《春秋繁露》等流传于世。

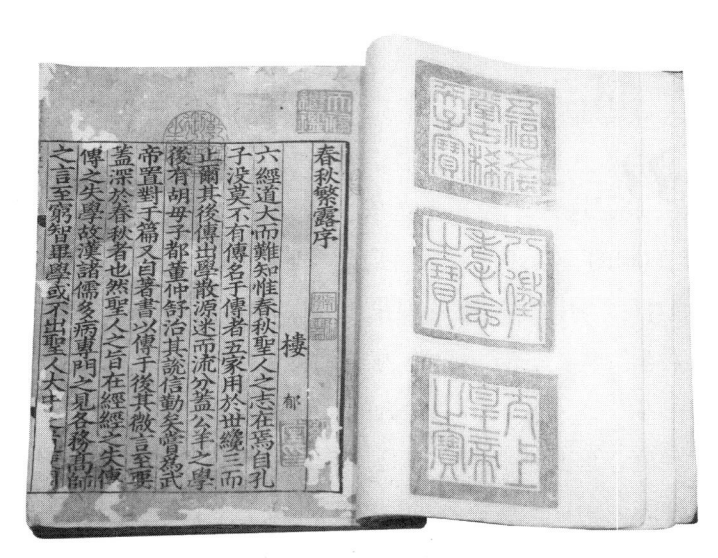

董仲舒撰《春秋繁露》

---

① 《士不遇赋》是西汉董仲舒创作的一篇抒情赋。此赋说理较多，少夸张铺叙之辞，即使抒情，也比较含蓄深沉，表现出浓厚的儒家色彩，也表达了作者的人格和志趣，以及对世事的关怀和自己的政治理想。

8
司马迁

司马迁（前145或前135—？），字子长，西汉夏阳（今陕西省韩城市）人，史学家、文学家。史官司马谈①之子，曾任太史令、中书令。因作《史记》，后人尊称为史迁、太史公、历史之父。

大约西汉景、武帝间，司马迁出生在黄河龙门的小康之家，年幼的司马迁在父亲司马谈的指导下读书习字，至10岁时，已能阅读诵习《尚书》《左传》《国语》②等书。后来，父亲司马谈至京师长安任太史令，一家分开，司马迁在老家身体力行，过着耕读放牧生活。稍年长后，司马迁离开龙门，来到京师长安，父亲家教让司马迁学有小成。司马迁20岁之后，开始游历天

---

① 司马谈（约前169—前110），左冯翊夏阳人。为汉初五大夫，建元、元封年间任太史令、太史公。有广博的学问修养，曾"学天官于唐都，受易于杨何，习道论于黄子"。父司马喜，子司马迁。
② 《国语》，又名《春秋外传》或《左氏外传》，是我国第一部国别体史书，相传为春秋时期左丘明所撰。编纂方法是以国分类，以语为主，故名"国语"。至唐，始有人疑问，有说是西汉刘向校书所辑，有说是多人在不同的历史时期陆续编成，近代包括康有为在内的多位学者怀疑是战国或汉后的学者托名春秋时期各国史官记录的原始材料整理编辑而成的。该著作记录范围为上起周穆王十二年（前990），下至智伯被灭（前453）。《国语》中记载包括各国贵族间朝聘、宴飨、讽谏、辩说、应对之辞以及部分历史事件与传说。

下，回京后得以授为官郎中。公元前 110 年春天，汉武帝东巡渤海后上泰山举行封禅大典，作为参与制定封禅礼仪的司马谈却因病未能继续随行，心中愤懑，病情日益加重。于是司马迁赶往泰山参加封禅大典，至洛阳见到父亲时，父亲已命垂旦夕。司马迁《史记·太史公自序》载：弥留之际，太史公执迁手而泣曰："予先，周室之太史也。自上世尝显功名虞夏，典天官事。后世中衰，绝于予乎？汝复为太史，则续吾祖矣。今天子接千岁之统，封泰山，而予不得从行，是命也夫！命也夫！予死，尔必为太史；为太史，毋忘吾所欲论著矣。"迁俯首流涕曰："小子不敏，请悉论先人所次旧闻，弗敢阙。"

因在长安任职，期逢汉武盛世，司马迁有机会结识天下贤能之士，包括贾嘉（贾谊[①]之孙）、公孙弘、樊他广（樊哙之孙）、冯遂（冯唐之子）、田仁（田叔之子）以及上大夫壶遂等，与他们一起评论历史，切磋文学，讨论政治，而孔安国[②]和董仲舒对司马迁影响最大。因孔安国家中偶得当世失传的《古文尚书》，并兼通今古文学，司马迁曾跟从孔安国学习，从而能识别古文资料，掌握考信历史方法，后来司马迁在写上古三代史时也从《古文尚书》中引用了大量材料。司马迁亦曾从学于董仲舒，从董仲舒治公羊学的心得中

---

① 贾谊（前 200—前 168），洛阳人，西汉初年著名政论家、文学家，世称贾生。贾谊少有才名，18 岁时，以善文为郡人所称。文帝时任博士，迁太中大夫，受大臣周勃、灌婴排挤，谪为长沙王太傅，故后世亦称贾长沙、贾太傅。三年后被召回长安，为梁怀王太傅。梁怀王坠马而死，贾谊深感歉疚，抑郁而亡，时仅 33 岁。司马迁对屈原、贾谊都寄予同情，为二人写了一篇合传，后世因而往往把贾谊与屈原并称为"屈贾"。贾谊著作主要有散文和辞赋两类，散文的主要文学成就是政论文，评论时政，风格朴实峻拔，议论酣畅，鲁迅称之为"西汉鸿文"，代表作有《过秦论》《论积贮疏》《陈政事疏》等。其辞赋皆为骚体，形式趋于散体化，是汉赋发展的先声，以《吊屈原赋》《鵩鸟赋》最为著名。
② 孔安国（前 156—前 74），字子国，汉代鲁国人，孔丘十世孙，孔滕（字子襄）之孙，孔忠（字子贞）之子。西汉官吏、经学家，著有《古文孝经传》《论语训解》等作品。受《诗》于申公，受《尚书》于伏生。汉武帝时，官谏大夫，临淮太守。

吸收养分。《史记》颂扬汤武革命，主张以有道伐无道，从而成为《史记》反暴政的思想基础。《史记》也以"尊王攘夷"，主张"大一统"的思想贯穿全书，以"崇让、尚耻"之义作为褒贬历史人物的道德标准。

司马迁继承父亲司马谈遗志，效法孔子精神，继《春秋》后作《史记》，完成一代大典。但《史记》的完成却充满着血泪。天汉三年（前98），汉武帝令李陵为出击匈奴之师护送辎重，李陵却自请五千步兵亲自攻击匈奴。可是，李陵在遭遇匈奴单于之兵后，以寡敌众，粮尽矢绝，最终投降。汉武帝震怒，朝廷上下皆声

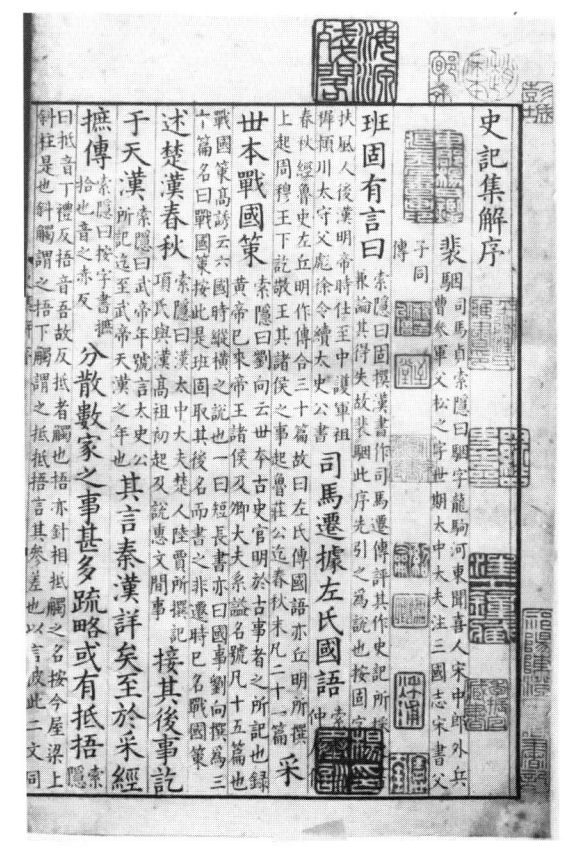

二家注本《史记》，宋蔡梦弼东塾刻本序

讨李陵，唯独司马迁说："李陵侍奉亲人孝敬有加，与士人交往有信，一向怀报国之心。只领了五千步兵，吸引了匈奴全部力量，杀敌一万多，虽然战败投降，其功可抵过，况且李陵并非真心降敌，他是想活下来再找机会回报朝廷。"① 然而，之后公孙敖奉朝廷之命迎李陵返汉却未能成功，还谎报李陵为匈奴操练兵马准备反击汉朝，于是武帝怒火中烧，灭了李陵的家族，司马

---

① 2018年在蒙古国阿尔泰山地区考古发现了李陵墓穴，开棺后，发现李陵身着汉朝服饰入殓。

迁也被以"欲沮贰师，为陵游说"定为诬罔罪名，按律当斩。司马迁面对死刑，想到书未成，名未立，自己的死与蝼蚁之死无异，也想到"文王拘于囚室而推演《周易》，仲尼困厄之时作《春秋》，屈原①放逐才赋有《离骚》，左丘②失明才有《国语》，孙膑遭膑脚之刑后修兵法，韩非被囚，作《说难》和《孤愤》，《诗》三百篇，大抵为贤士圣人发泄愤懑而作"，于是毅然选择了以腐刑（宫刑）赎身死，这样也好完成父亲的理想，完成那个太史公的使命。汉武帝本就极爱司马迁的才华，在他受腐刑之后，李陵风波平息，汉武帝将他调用为中书令，而且极其尊重和信任。但在司马迁而言，自觉此后余生只为续成《史记》而活着，其他一切则全然不在心上。即便如此，他临死时，《史记》仍没有完成，全书130篇，50万字，其中有10篇拟定了题目，却未成稿。

《史记》以"亦欲以究天人之际，通古今之变，成一家之言"为理想，承袭孔子《春秋》古经典之义，他自序道："先人有言：'自周公卒五百岁而有孔子。孔子卒后至于今五百岁，有能绍明世、正《易传》，继《春秋》，本《诗》《书》《礼》《乐》之际？'意在斯乎！意在斯乎！小子何敢让焉！"《史记》虽随续着《春秋》文化传统，但又独创史学体裁，以《春秋》编年体的体例方式，用纪传体编史方法为后来历代"正史"所传承。

《史记》是一部上起黄帝，下迄当世的通史。《史记》语：厥协六经异传，

---

① 屈原（约前340—前278），芈姓，屈氏，名平，字原，出生于楚国丹阳秭归（今湖北省宜昌市），战国时期楚国诗人、政治家。楚武王熊通之子屈瑕的后代。楚国郢都被秦军攻破后，自沉于汨罗江，以身殉楚国。屈原是中国历史上伟大的爱国诗人，中国浪漫主义文学的奠基人，"楚辞"的创立者和代表作家，开辟了"香草美人"的传统，被誉为"楚辞之祖"。楚国有名的辞赋家宋玉、唐勒、景差都受到屈原的影响。"路漫漫其修远兮，吾将上下而求索"，屈原的"求索"精神，成为后世仁人志士所信奉和追求的一种高尚精神。
② 左丘明（约前502—前422），鲁国之附庸小邾国人，姓丘，名明，因其父任左史官，故称左丘明。春秋末期史学家、文学家、思想家、散文家。曾任鲁国史官，为解析《春秋》而作《左传》（又称《左氏春秋》），作《国语》（其时已双目失明），两书记录了不少西周、春秋的重要史事，保存了具有很高价值的原始资料。

整齐百家杂语。"可见《史记》融化了六经之各种传和百家杂语，采取了公羊之义和《左传》之事，并将《尚书》《诗经》《国语》《战国策》等的内容和体裁加以综合应用，汇合了自己之前的一切文献著作而成书。就历史著作论，《史记》又实已远胜于孔子之《春秋》。"西汉武帝时期，尽管董仲舒提出"罢黜百家，独尊儒术"而将儒学提升到至高无上地位，但就学术而言，孔子的思想受到严重扭曲，而司马迁的《史记》，才让孔子的思想正本清源。司马迁通过对孔子作传《孔子世家》，以史学家的真知灼见，反映了孔子思想的真实面貌，推动儒学沿着正确学术方向前进，这是司马迁作为史学家对儒学的至功至伟之处。作《孔子世家》，司马迁将布衣孔子与王侯并列，用文化对抗政治，突出孔子儒家思想的文化意义，将孔子列为学术思想的巨人，其所传的儒家思想，如高山仰止，流芳百世。他认为：夫子积极用世精神可贵，思想博大精深，言词简括，非一朝一夕能得其中真味，须长期研磨方可领悟，儒家思想是为修身、齐家、治国、平天下的理论武器。

司马迁的女儿珍藏着这部巨著，待儿子杨恽稍长，便拿出《史记》给他阅读，杨恽初读此书便被字字句句、段段篇篇的内容所吸引，成年之后，每读总是热泪盈眶、扼腕叹息。在汉宣帝时，杨恽被封为平通侯，正好这时候朝廷政治清明，想到他外祖父司马迁这部巨著正是重见天日的时候了，于是上书汉宣帝，献出《史记》，从此，天下人得以共读这部伟大的史著。

9 王充

王充（27—约97），字仲任，会稽上虞（今浙江省绍兴市）人，东汉思想家、教育家、文学批评家。

王充祖先乃王孙氏一族，是先秦王族之后裔，后来分为王姓和孙姓。王充祖上因功受封会稽阳亭，级别虽然不高，但是也可坐食其税，是个中小地主。可是好景不长，王充祖上在一次突变中失去爵位，祖先们只好就近安置，于是男耕女织，成了会稽郡人氏。失去爵位的王充祖先们都骁勇好斗，邻人仇怨较多，并且一遇天灾年份，王充的祖先们还干些拦路抢劫和杀人越货的勾当。西汉末年天下动荡时，王充祖父王汛担心被仇家报复，于是收拾家财举家离开阳亭，最后定居于钱塘县，以转手倒卖、经商为业。到王充父亲王涌，王家好勇好斗的习性比祖上有过之无不及，终于又与地方豪强结下深仇，于是又举家迁往上虞。此时，家道破落，到王充出生时，已是一个"孤门细族"之家，不仅没有任何财产、名誉地位，更是背上先人无德、祖宗无行的沉重包袱，以至于即使王充成名后，还有人以此对王充进行讥讽。

少年时的王充，不像其他小孩一样喜欢抓麻雀、捕蝉、戏钱和爬树，而是表现出端庄严肃、孤单寡和的性格，但他恭厚友爱、孝顺礼貌。为此，父亲王涌感到惊奇，6岁便教他读书写字，8岁送他上学馆。在书馆中，王充不似其余学童经常遭先生体罚，而是书法日进，后来王充告别书馆，开始了

儒家经典的学习和儒家道德的修炼。王充接受的教育是儒家经典《论语》《尚书》等，与常人并无两样。乡学完成后，王充又负笈千里，游学于当时京都洛阳。在洛阳期间，王充入大学，遍访名儒，众阅百家，详观大礼，打开了眼界，大增了学问，初步形成了他博大求实的学术风格。当时前辈学者杜林、郑众、桓谭①、班彪②等人都在京师，他们都是古文经学家、博学大儒。在这数家之中，王充对桓谭和班彪最为推崇，受他们影响也最深刻。

王充在洛阳广交朋友，遍读群书。他在熟读经史之余，兼及百家，遍通诸子之学，他认为诸子与儒经同等重要，有时子书甚至比经书还为可靠。他说："王经遭秦'燔烧禁防，伏生之徒，抱经深藏'，汉兴，'经书缺灭而不明，篇章弃散而不具'，晁错之徒受经于伏生，自后名师儒者，'各以私意，分析文字'，师徒传相授受，形成了所谓家法和师法。经书本身的正误已难辨别，更莫说经师讲解的是是非非了。"相反，"秦虽无道，不播诸子"。由此看来，经书有遗篇，而诸子无缺文，孰劣孰优就不言自明了。

王充和天下所有读书人一样，也曾想着学成之后致君尧舜，学而优则仕。可是王充在官场的境遇落拓，一生只当过地方官。东汉地方机构实行州、郡、县三级制，王充历仕三级都位不离"掾"。"掾"是汉代各级机构中的属官。也就是说，在县里，他曾先后在军事长官都尉府作过掾功曹，在行政长官太守府代理王官曹和功曹；在州里，他被州刺史征辟为从事属官。因

---

① 桓谭（约前23—56），东汉哲学家、经学家、琴师、天文学家，字君山，沛国相（今安徽省淮北市相山区）人。桓谭爱好音律，善鼓琴，博学多通，遍习五经。他把烛干比作人的形体，把烛火比作人的精神，提出"以烛火喻形神"的有名论点，断言精神不能离开人的形体而独立存在，正如烛光之不能脱离烛体而存在一样。王充称道他的著作是"訟世间事，辨昭然否，虚妄之言，伪饰之辞，莫不证定"。（《论衡·超奇》）对后来无神论思想发展有所影响。

② 班彪（3—54），字叔皮，扶风安陵（今陕西省咸阳市）人，东汉著名史学家、文学家，出身于汉代显贵和儒学之家，受家学影响很大。班彪学博才高，专力从事于史学著述，写成《后传》60余篇，斟酌前史，纠正得失，为后世所重。其子班固修成《汉书》，史料多依班彪，实际上是他修史工作的继续。其女班昭等又补充班固所未及完成部分。

此，可以说，王充生平就没逃脱过为人下僚的命运。王充作《逢遇篇》对自己在州县为官徘徊不进的切身体会做过比较全面的分析和论述，他说："操行有常贤，仕宦无常遇。贤不贤，才也；遇不遇，时也。才高行洁，不可保以必尊贵；能薄操浊，不可保以必卑贱。或高才洁行，不遇，退在下流；薄能浊操，遇，在众上。世各自有以取士，士亦各自得以进。进在遇，退在不遇。处尊居显，未必贤，遇也；位卑在下，未必愚，不遇也。"

王充是杰出的思想家，而整个东汉200年间，称得上思想家的，仅有三人，便是王充、王符①、仲长统②。王符著作《潜夫论》，对东汉各种社会弊病进行了抨击，议论明理，温柔敦厚；仲长统著有《昌言》，主要对东汉后期进行了剖析，见解独特，振聋发聩。王充则有著名的《论衡》一书，书中对当时社会的学术问题，以及社会上的陋俗进行了批评，观点鲜明，石破天惊。《论衡》是中国古代的"百科全书"。在物理学方面，王充对声音、雷电、磁场、静电、热能以及运动都有研究，其核心思想带有客观辩证的科学性。

王充一生从事儒学研究，但由于其书中对传统的儒学（特别是汉代经学）进行论难，甚至怀疑古经，上问孔孟，著有《儒增》《书虚》《问孔》《刺孟》等专门文章，公然向经典挑战，向孔孟等圣贤发难，因而被视为名教罪人。素以危言危行著称的大史学家刘知几，认为王充在《论衡》中记述了王充父祖横行乡里的不光彩行径，不合乎子为父隐的纲常伦理。也有人称王充是"南方墨者之支派"。其实，根据王充的整体思想，同时综合王充一生的言行来分析，他是一位不折不扣的儒者，而且是一位博学的奇儒。另外，王

---

① 王符（约85—约163），字节信，安定临泾（今甘肃省镇原县）人，东汉政论家、文学家、思想家。王符一生隐居著书，崇俭戒奢，讥评时政得失，因"不欲章显其名"，故将所著书名之为《潜夫论》。
② 仲长统（180—220），字公理，山阳郡高平（今山东省邹城市）人。东汉末年哲学家、政论家。仲长统才华过人，但性情豪爽，洒脱不拘，敢于直言。凡州郡召他为官，都称疾不就。到汉献帝时，尚书令荀彧闻其名声，举荐他为尚书郎，之后，曾参与丞相曹操的军事，但没有得到曹操的重用。仲长统的思想和才华集中表现在《昌言》之中。

充的思想特色是反对迷信，实事求是，用他自己的语言即是"疾虚妄""务实诚"。王充发展了儒学的天道自然观。在天人关系问题上，孔子的天基本上是自然性的，"天何言哉？四时行焉，百物生焉，天何言哉？"（《论语·阳货》）。但后世儒者看到孔子又说"天丧予"之后便争议不休，出现人格之天和天然之天之分野。荀子坚持天是人以外的纯自然之物，提出"明于天人之分"的重要理论。而董仲舒杂合五行阴阳等学说后形成的天人感应思想，形成了神学目的论，产生迷信色彩。王充则继承荀子的"天人相分"学说，并对天人相分进行了论述，形成了天道自然的哲学体系。王充还发扬孔子"不语怪力乱神"的求实学风，对当时思想界、学术界和社会风俗中普遍存在的鬼神迷信、怪异传说展开了批评。

王充提出的"元气"一元论，发展了儒学宇宙生成学说。先秦儒家的宇宙生成理论便是：易有太极，是生两仪，两仪生四象，四象生八卦，八卦定吉凶，吉凶生大业（《周易·系辞》）。这里的"太极"表达的是一种原始的终极状态，到底是什么并未言明。王充视元气为自然界本原，认为天地万物，飞潜动植，不仅皆一律由气而生，而且也因禀气的情况不同而呈现出形形色色的形态和千差万别的境遇。一切的一切，莫不由气而生，由气而定，彻底贯彻"元气"一元的立论，形成儒家的宇宙生成学说。

据考，王充有著述《讥俗》《政务》《养性》《论衡》，而前三已失传，只留存《论衡》流传于世。

10
班固

班固（32—92），字孟坚，扶风郡安陵县（今陕西省咸阳市）人，东汉著名的史学家、文学家，与司马迁并称"班马"。

班固出身儒学世家，自幼接受父辈的教育和儒学熏陶，9岁便能赋诗文。班固的父亲班彪是东汉著名学者，经常与弟子及同道探讨学问，这使得班固从小耳濡目染，开阔了眼界，学业长进也非常快。班彪晚年潜心续写《史记》。受父亲的影响，班固也对历史非常感兴趣，开始留意史籍。

随着年龄的增长，家庭的儒学教育并不能满足班固对知识的渴望，于是班固16岁便进入洛阳太学学习。在太学，他用功苦学，遍观群书，无论是儒家还是其他百家学说，都深入钻研，注重见识，且不拘一家之言。班固性格宽容，性情随和，为人平易近人，从不因为自己才华出众而骄傲，为此得到太学同学及老师的好评。建武三十年（54），父亲班彪去世时，年仅23岁的班固已具备颇高的文化修养和著述能力。由于父亲去世后家庭生活困难，班固从京师洛阳迁居至扶风安陵老家，身份一下从京城官宦之家降至乡里平民，但他毫不气馁，继承父亲续写《史记》的决心并未改变。于是他在父亲已成《史记后传》的基础上，利用家藏书籍，开始撰写《汉书》，《汉书》的内容、布局也在父亲的原书稿上进行了较大的完善。

班固写《汉书》的同时，积极谋求出仕。永平元年（58），他利用自己

10 班固

的才能和见识,向东平王刘苍上举荐书《奏记东平王苍》,他的自荐并没有获得成功,但他举荐的多名人才,大多被刘苍采纳。永平五年,正当班固全力撰写《汉书》时,有人向朝廷告发其"私修国史",汉明帝下诏搜捕,班固被抓进牢狱,书稿也被官府查抄。班家人知道,一旦被定罪"私修国史",班固恐怕难以活命。情急之中,弟弟班超①骑上快马直奔洛阳,打算上书汉明帝,替班固申冤。班超昼夜兼程,策马穿华阴、过潼关,赶到京城洛阳上疏为班固申冤,这引起汉明帝的重视,特旨召见班超。于是班超将父亲班彪、兄长班固两代人几十年为汉修史的辛劳、宣扬"汉德"的意向告诉了汉明帝,恰好,查抄的书稿也送至京师,汉明帝读书稿后对班固的才华感到惊异,于是下令释放班固,并召进京都洛阳皇家校书部,拜班固为兰台令史,掌管和校订皇家图书。

班固到京城后,全家也随至洛阳。由于家境贫寒,班超靠替官府抄写文书来维持生计。班固被任命为郎官后,官阶虽低,但经常有机会与汉明帝见面,才华逐渐显见,得到汉明帝赏识。当汉明帝问及为救班固而冒险上疏的班超时,班固以实情相告,汉明帝非常欣赏弟弟班超的辩才和勇气,便也授班超为兰台令史。之后安定的生活为班固撰写《汉书》创造了条件,更为重要的是,他有条件接触、翻阅皇家丰富的藏书。这时期,班固从私撰《汉书》到受诏修史,政治生活上不用担惊受怕,使得他全身地投入修史的事业之中,撰史的进度大大加快。

东汉政权建立后,定都洛阳,到汉明帝时,又开始修缮城墙,疏浚护城河,以重整皇宫。但是,由于关中原来一部分年纪较大的士绅们仍然怀念西汉建都长安的繁华场面,认为现在建都洛阳是错误的选择,希望迁回长

---

① 班超(32—102),字仲升。扶风郡安陵县人。东汉时期著名军事家、外交家,史学家班彪的幼子,其长兄班固、妹妹班昭也是著名史学家。班超为人有大志,不修细节,但内心孝敬恭谨,审察事理。他博览群书,后投笔从戎,随窦固出击北匈奴,奉命出使西域,收服了西域五十多个国家,为西域的回归做出了巨大贡献。官至西域都护,封定远侯,世称"班定远"。

安。而班固认为洛阳建都是合适的，更不想让迁都的议论干扰人心，于是作《两都赋》，盛赞东都洛阳规模建制之美，并从礼法的角度，歌颂光武帝迁都洛阳、中兴汉室的功绩，驳斥关中人士不切时宜的议论，澄清人们的模糊认识。

永平十八年（75），汉明帝驾崩，其子刘炟即位，即汉章帝。汉章帝对经学文章同样怀有很大兴趣，于是班固常常被皇帝召进皇宫一起读书。汉章帝外出巡游也常让班固随行，班固献上诗词歌赋助兴，有时，朝廷有大事讨论，也让班固列席，一起参与讨论。

建初四年（79），校书郎杨终鉴于当时经学流派繁衍，解经歧异很大，影响经学的传播与发展，于是建议汉章帝像西汉宣帝召集石渠阁会议那样，召集学者来讲论五经，裁定经义。汉章帝刘炟采纳了杨终的建议，诏朝廷诸儒在白虎观聚集，讨论五经异同，以促进儒家思想与谶纬神学结合，会议历时一个多月。其时，班固以史官身份出席，会后，他按汉章帝旨意，将讨论内容整理成了《白虎通德论》，后称《白虎通义》，集当时经学之大成，使谶纬神学理论化、法典化。

汉章帝建初七年（82），班固基本完成了《汉书》的撰写。自永平元年（58）开始，共计历时有25年，实现了父子两代人的心愿。全书记述了从汉高祖开始，到孝平王莽被杀，12代帝王，230年间的事迹，包括《春

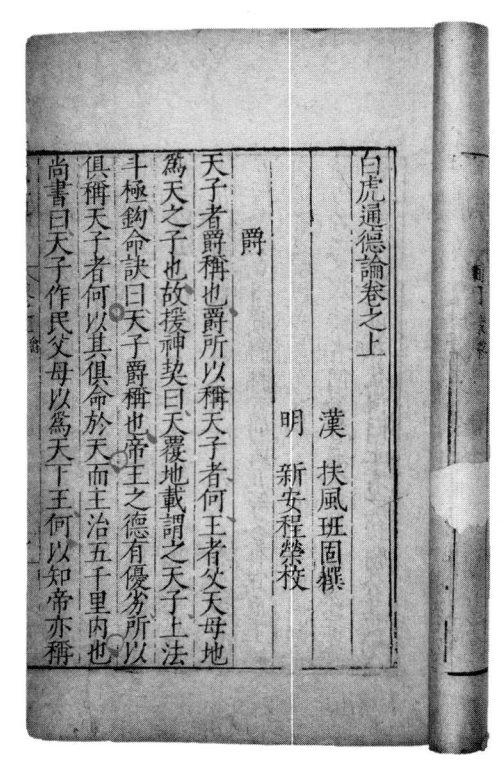

《白虎通德论》（局部）

秋》考纪、表、志、传，共100篇。《汉书》出版后，受到当朝重视，学者们争相诵读。班固修《汉书》，旷日持久，虽然得到了皇帝和部分人的赏识，然而也不过是做过兰台令史、校书郎、玄武司马之类的小官。其实，班固一直渴望有机会建功立业。章和二年（88），汉章帝卒，年仅10岁的汉和帝即位，窦太后临朝实际主政，起用窦宪为侍中，掌控大权。当时匈奴分南北两部分，南匈奴亲汉，北匈奴反汉。正好南匈奴请求汉朝出兵，共同讨伐北匈奴。朝廷便任命窦宪为车骑将军，以执金吾耿秉为副将，发兵出塞征讨。当班固得知窦宪被任命为将军，率大军攻伐北匈奴的消息时，也想通过边境之战而立功，获取功名，以施展才能，班固便决定投附窦宪，随大军北攻北匈奴，于是，班固被窦宪任命为中护军，参与军中谋议。

永元二年（90），北匈奴在汉朝大兵和南匈奴的夹击下，派亲王向窦宪求和，请求入京朝见，向汉称臣。窦宪上表请示后，汉廷派班固、梁讽带领数百人出居延塞（今内蒙额济纳旗）迎接。可是南单于又上书汉廷，建议乘机消灭北单于，然后南北匈奴合并归汉。汉廷也认为这是一个削弱匈奴的好机会，遂同意，于是南单于痛击北单于，北单于受重伤逃走。班固等人到私渠海后转头返回。窦宪认为北单于势力微弱，想乘机一举将其彻底消灭，次年，窦宪率精兵出塞五千里，进攻金微山，大破北匈奴，斩首五千，俘虏北单于皇太后，北单于逃脱，不知去向，北匈奴遂亡。

班固随窦宪北征匈奴，进入窦宪幕府。此时的窦宪，因为平定匈奴而立大功，威名日盛，心腹众多，导致大权在握，甚至官员的任免、升迁都由他一人决定，朝臣人人自危。其间，尚书仆射郑寿、乐恢由于招致窦宪的不满，相继被迫自杀。

永元四年（92），窦宪密谋叛乱，事发后被朝廷革职，回到封地后仍无法自保，被迫自杀。班固由于与窦宪关系密切，受到牵连在所难免，被朝廷免职。洛阳令种兢对班固有积怨，借窦宪案发之机，给班固罗织罪名，大加陷害。班固被捕入狱，同年死于狱中，年61岁。当汉和帝得知班固死讯，下诏谴责种兢公报私仇的恶劣行径，并将害死班固的狱吏处死抵罪。

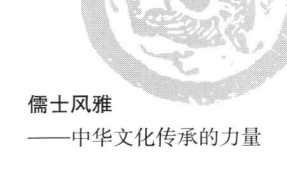

班固所撰的《汉书》，是继《史记》之后中国古代又一部重要史书，开创了纪传体断代史的新体例，与《史记》《后汉书》《三国志》并称为"前四史"。全书记述了上起汉高祖元年（前206），下至新朝王莽地皇四年（23）共230年的史事。《汉书》在构书体系上取得了重大突破，规矩法度清晰、体例整齐合理，更易使人效法，也开启了官方修史的先河。

班固出自儒学世家，肩负着传承儒学思想的使命。班固对儒学立场的坚持固守最直接地决定了他对古今人物、社会发展以及汉代史事的记叙和评判，规定和制约着《汉书》的价值取向。《汉书》所用以品评人物及诸子学派的唯一标准便是儒家思想学说，将孔子及其弟子真正置于"独尊"的地位，将儒家经典奉为至尊，并以此评判诸子优劣长短。班固对儒学的执着理念，也一直主导、支配着他在《汉书》中所寄托的政治理想，他用孔子的仁义、德政构成其政治理想的主体内容。当然，孔孟重视礼乐也深刻地影响着班固，礼乐对国家政治的作用以及对民众的教化作用，深深影响着他对历史的叙述和评判。

11
许慎

　　许慎（约58—约148），字叔重，汝南召陵（今河南省漯河市召陵区）人，东汉著名经学家、文字学家。许慎先人可追溯至炎帝神农，远祖缙云曾辅政黄帝，后又经历共工以及高辛时代，再传至太岳。禹接舜帝位后封太岳为甫候（又称吕候），候位一直世袭至周朝。周武王时期，封文叔为鄦（许）国之君。于是，其后代遂以国为姓。战国初期，许国被郑、楚两国所逼，不得不多次迁徙，但最终还是被楚国所灭。在经过迁徙和国灭之后，子民多逃亡散失，其中一支由许地迁至汝南召陵县城西的汝水之滨而定居下来。

　　许慎性情温和、质朴，自永平九年（66）就开始研习六书，开始了漫长的经书典籍的学习之路。他广泛阅读《诗》《书》《礼》《易》《春秋》以及诸子百家等著作。建初三年（78）开始，许慎初入仕途时，担任郡功曹，后来被举为孝廉。至东汉永元十二年（100），许慎担任太尉南阁祭酒，后任五经博士、校书东观。许慎认为各家对"五经"的解说混乱，于是作《五经异义》。在对待经学的问题上，许慎从头到尾都坚持古文经学的立场，为古文经学的发展和最后战胜今文经学作出了突出的贡献。《五经异义》为许慎通经之作，校正了五经解说混乱的局面，并广为后世治经学者、注疏家们引以为据，对经学及其注疏的发展产生了重要影响。经学大师马融非常推崇敬重许慎。在当时，人们都说，"在五经（《易》《书》《诗》《礼》《春秋》）的研究上，没有人能超过他。"

　　许慎在担任太尉南阁祭酒、校书东观时，初步完成《说文解字》。在任校书东观期间，他的知识涉猎更加广泛，博采众长，研究精深，为了令《说文解字》更加完善，许慎一直都没有定稿刊发，而是不断地将新的发现和收获补充进去。至建光元年（121），许慎才最后写成定稿，将《说文解字》献于朝廷。此后，许慎辞官，隐于家乡及附近一带村庄，授经教书，广育弟子。

　　许慎历时半生编撰的世界上第一部字典《说文解字》，规范了汉字的形、音、义。学术界称许慎为"许君"，称《说文解字》为"许书"，称其学为"许学"。许慎对汉语文字学做出了杰出贡献，被尊称为"字圣"。许慎对学术非常严谨，且不顾性命。当年，许慎在编撰《说文解字》时，遇到了"窦"字的含义解释，由于当时窦太后当权，窦字的含义又不怎么好，但是，许慎并没有避开这个名讳，毅然地将"窦"的意思解释成"洞"。更为严重的是，他还将"狗窦"注释为"狗洞"，从而彻底惹怒了当权太后。太后将许慎革职还乡，贬回原籍。后来，太后又经奸臣挑唆，要将许慎赐死。当然，许慎最终没有被赐死，这多亏了他的妻子天赐公主。妻子在许慎被免官离开朝廷随丈夫回家后，再得知夫君要被赐死，于是假称许慎病故，还当着人们的面将许慎下葬。她却在墓中造书房、卧室，供许慎写书、休息。每到时间，妻子便前来送饭相伴。正是在这样的环境下，许慎才完成传世千年的大著《说文解字》。许慎推崇古文经书和古文经学，他在《说文解字》中提到和引用的文献，基本上以古文经学著作为主，他不但跟从著名古文经学家贾逵[①]学习古文经学，而且《说文解字》的编撰工作也得到了贾逵的审阅和指导。许慎创作《说文解字》，从各个层面都对今文经学家解释儒家经典的

[①] 贾逵（30—101），字景伯，扶风郡平陵县（今陕西咸阳市）人。东汉著名经学家、天文学家。贾逵代表作有《春秋左氏传解诂》《国语解诂》《尚书古文同异》《毛诗杂义难》《周官解访》等，均已佚。其九世祖：贾谊，曾祖父：贾光，父亲：贾徽，经学家。

种种弊端不遗余力地做出批驳，从而标举自己作为古文经学家的身份和古文经学研究的立场。许慎仔细地分析了上万个汉字形体，创立了以"六书"来分析小篆构形的理论，驳斥了今文经学家随意根据隶书字体解析汉字形体、说解字义的弊端。许慎认为，圣人创作经书肯定不是凭空产生的，都是有据可循的。因此，他坚持从实际材料出发，以历代传承下来的文献来证明文字的形、音、义，并以此来释经，从根本上反驳了今文经学家解释经义、阐发微言大义的随意性。许慎坚持文字发展的观念，他认为文字经历了从战国古文到秦代小篆，再到汉代隶书的形体变化。他认为文字从初创起源开始，一直到汉代通行的隶书，经历了一个非常漫长的发展时期。

《说文解字》是中国语文学史上第一部分析字形、辨识声读和解说字义的字典，收字9353个、重文（即异体字）1163个，共计10516字，按540个部首排列，开创了部首检字的先河。许慎认为，"盖文字者，经艺之本，王政之始。"《说文解字》收纳字"始一终亥"，囊括了天地间的万事万物，"六艺群书之诂皆训其意，而天地、鬼神、山川、草木、鸟兽、昆虫、杂物、奇怪、王制、礼仪，世间人事，莫不毕载"。《说文解字》是后世研究文字和编辑字典的重要依据。许慎著《说文解字》，是因为怕后世对文字胡乱解析，扭曲儒家经学的经典与中华文化的精神，他以传承中华文化为己任，甚至耗费半生。无论其著《五经异义》，还是注解《淮南鸿烈》《孝经》均基于此。这是儒家的"士不可以不弘毅"的士大夫精神。

建和二年（148），许慎因病去世，享年90岁。

12 马融

马融（79—166），字季长，扶风郡茂陵县（今陕西省兴平市）人，东汉著名经学家。

马融是东汉将作大匠（掌管宫室修建之官）马严的儿子，其从祖（祖父的亲兄弟）为东汉名将马援。马融的言语、姿态堪称优美，被人视为俊杰之才。当时，京兆人挚恂①隐居南山（今秦岭周边以南），广聚门徒，授经传儒，不肯应州、郡征聘入仕，由此名闻关西地区。马融自少年起跟从他游学，得以博通经书。挚恂欣赏马融有才华、善于言语，认为是未来教授儒学的继承衣钵之人，于是把女儿嫁给他。

马融不喜欢出仕为官，数次拒绝朝廷诏命。永初二年（108），大将军邓骘（zhì）听闻马融名声，想召他为舍人，马融也没有应命。此时的马融，客居在凉州的武都、汉阳二郡间。当时羌人经常扰乱边境，致使边境动荡不安，米价飞涨，自函谷关以西，路上经常见饿死之人。马融也遭受饥饿之困，就后悔起来，他对朋友说："古人有言'左手据天下之图，右手割其喉，这种以名害生的事，愚夫也不干。'这是为什么呢？因为生命是最可贵的。

---

① 挚恂，字季直，生卒不详，东汉京兆人，文学家，隐士。博学多才，娴于文辞，常隐居于南山。

而我现在为了怕乡曲之士耻笑,使无价的身体、生命受到威胁、摧残,这不符合老庄的教理。"于是,马融应邓骘之召而出仕。

永初四年(110),马融被任命为校书郎。当时,邓太后掌权,外戚邓骘兄弟辅政,而一般浅见的儒生学士,皆认为文德可兴国,武功之事可废,于是建议朝廷停止练武制度,不讲战阵兵法,这使得盗贼蜂起,国家准备不足,应对疲怠。马融对此大为不满,认为文武之道,都是圣贤应该重视的,金、木、水、火、土,人们都应该把它们并用,不可偏废,不可不讲武功。但他人微言轻,不被朝廷认可。元初二年(115),马融上疏《广成颂》讽谏朝廷,由此得罪了当权的邓太后,马融只得一直待在东观,十年没有升迁。之后,马融借机请罪归家,邓太后大怒,认为马融不服朝廷,想在州郡为官,于是下令禁止马融做官。

建光元年(121),邓太后去世,汉安帝亲政,召马融回到讲部,出仕河间王厩长史。后来汉安帝东巡泰山,马融献上《东巡颂》,汉安帝称赞他的文才,拜他为郎中。延光元年(122),北乡侯刘懿即位,马融称病辞官,在郡里任功曹。阳嘉二年(133),朝廷下诏,命群臣推举人才,城门校尉岑起举荐马融,马融经朝廷考核出任议郎,之后又被大将军梁商任命为自己的从事中郎,后升任武都太守。当时西羌反叛,征西将军马贤率军讨伐,却拖延不进攻。马融认为马贤必败,请求允许自己率关东兵五千进攻,但朝廷没有听从。马融经三次升迁后,至汉桓帝在位时得以任南郡太守。马融因之前一些事曾得罪了大将军梁冀,梁冀怂恿相关人员诬告马融在郡里贪污,致使马融被免职、落发,流放至朔方郡。

马融长期在东观校书著述,为他能综合各家之长、遍注古文经典提供了十分有利的条件。他综合贾逵、郑众二家优点,撰成《春秋三传异同说》,是《春秋》学集大成的一部专著。据考证,马融注《易》源于《费氏易》,又杂采子夏之说及孟氏、梁丘氏、京房氏诸家《易》学;注《尚书》,取郑氏父子和贾逵之说;注《诗》,兼采《毛氏诗》《韩诗》;此外,马融还注《三礼》《孝经》《论语》《老子》《淮南子》《离骚》《列女传》等。

马融之学，属于古文经学的典型，在儒家经学的发展史上，他开始综合各家所长而遍注群经的开创性工作，使古文经学达到成熟的境地，预示着汉代经学发展步入新的时期。马融基本上将后人列出的十三经都有加以注疏，并形成自己独特的创新：一是改变原来《易经》与《易传》来源的"人更三圣，历世三古"说法；二是重视训诂、义理解易，首创以传附经；三是遍注群经，相互引证。马融精通儒学，并受到儒学深刻影响的同时，明显也受到道家思想的影响，其弟子如延笃（？—167）"博通经传及百家之言"，弟子卢植[①]"能通古今学，好研精而不守章句"，便是例证，同时也说明马融经学促进两汉儒道融合的趋势明显。他不仅在学术上表现出儒道融合，在日常行为中也表现明显。马融处于东汉学术变化转折时期，汉代官方和主流学术的经学已由极盛时期将随着魏晋时代的到来而衰落，马融的经学思想与魏晋玄学之风似有千丝万缕的关联。

马融才高八斗，学富五车，是当世的通儒。马融擅长操琴，喜好吹笛。他教授门徒，常年达千人之多。涿郡人卢植、北海人郑玄，都是他的学生。马融性格豪放任性，从不为儒者所要求的小节而拘泥。

延喜九年（166），马融在家中去世，享年88岁。

[①] 卢植（139—192），字子干，涿郡涿县（今河北省涿州市）人。东汉末年经学家、将领。后与马日磾、蔡邕等一起在东观校勘儒学经典书籍，并参与续写《汉记》。白马将军公孙瓒以及后来的蜀汉昭烈帝刘备皆为卢植门下弟子。

13
郑玄

郑玄（127—200），字康成，北海郡高密县（今山东省高密市）人，东汉末年经学大师。

郑玄出生时，郑氏家族已经败落，他的祖父郑明、父亲郑谨都没有做过官，只在乡间耕种，家中生活贫寒。郑玄从小学习书数之学，到八九岁时就比较精通算术。到十二三岁时，都能对《诗》《书》《易》《礼》《春秋》等儒家五经进行诵读和讲述了。郑玄自少年就一心向学，天性务实敦厚，从不崇尚虚荣。郑玄16岁时，不但精通儒家经典，对古代典制也很详熟，还通晓谶纬方术之学，并且写得一手好文章，被乡邻称为神童。18岁那年，郑玄迫于家境贫寒，生活困苦，父母兄弟也都不允许他只潜心钻研经学而不事生产，于是不得不出仕，担任乡啬夫一职。郑玄在任上十分认真，勤奋公干，获得乡里好评，不久便晋级成为乡佐。

郑玄一心向往研究学术，即使在做乡吏的同时，还是利用机会刻苦学习，抓住一切机会到学校向先生请教各种学术问题。到21岁时，他已经博览群书，具备了深厚的经学功底，并精通历数图纬之学，兼精算术。当时名士杜密担任太山太守、北海相，到高密县巡视时发现郑玄，便把他升调至郡里作为吏录，使得此后十年左右，郑玄得到学习和深造的机会。到北海郡不

久，他便辞吏职入太学授业。他拜第五元先①为师，先后学习《京氏易》《公羊春秋》《三统历》《九章算术》，都达到通晓的程度。其中《京氏易》是西汉京房撰写，《公羊春秋》是战国时期公羊高传述，西汉初成书，这两部书都是今文经学的重要典籍；《三统历》是西汉刘歆②撰写的历法，《九章算术》则传说是西周周公旦著，这两部书属历数之学的重要著作。之后，郑玄又师从东郡张恭祖，学习《周官》《礼记》《左氏春秋》《韩诗》《古文尚书》等，其中除《礼记》《韩诗》外均为古文经学主要典籍。这样，郑玄全面学习了今文经学和古文经学两大学派的重要经籍，但郑玄并不满足，又从师于陈球，学习《律令》。他的青年时代，读万卷书，行万里路，非常匆忙而充实。到了而立之年后，郑玄已经成长为一名造诣颇深的经学家，他的学问在山东（指崤山或华山以东）已经是首屈一指、无出其右者了。

郑玄虽然学富五车，但他却毫不满足。当他感到关东（指函谷关以东）已再无可以请教之人了，于是通过好友卢植介绍，不远千里西入关中，拜扶风人马融为师，以求进一步深造。马融是当时最著名的经学大师，学问渊博，遍注儒家经典，使古文经学趋于成熟。并且马融门徒上千，长年有四五百人追随左右，并且优秀者众多。郑玄投学门下，三年不为马融所看重，甚至一次都没能见到他，只能听其高足弟子们讲授。直到有一天，马融和他的一些高足弟子在一起推演算术，遇到疑难无法解答，有弟子告知马融，门下弟子郑玄精于算术，于是就让郑玄相见试解，郑玄很快就解决了问

---

① 第五元先，第五是一种复姓，第五元先其事迹不详。仅知郑玄曾经师从第五元先，《后汉书·郑玄列传》载：郑玄"遂造太学受业，师事京兆第五元先，始通《京氏易》《公羊春秋》《三统历》《九章算术》。"

② 刘歆（前50—23），字子骏，后改名刘秀，京兆郡长安县（今陕西省西安市）人。西汉宗室大臣、经学家，楚元王刘交五世孙，经学家刘向的儿子。地皇三年（23），图谋刺杀王莽，事败自杀。作为古文经学的继承者，刘歆不仅在儒学上颇有造诣，而且在校勘学、天文历法学、史学、诗等方面堪称大家。联合父亲刘向编订《山海经》，编制的《三统历谱》，是世界上最早的天文年历的雏形。计算圆周率为3.15471，只略微差了0.01312，世称"刘歆率"。

题，使马融及其弟子们都惊叹不已。自此，马融十分看重郑玄，郑玄便把平时学习中发现而未能解决的问题一一向马融请教，对于经籍中的奥妙寻微探幽，一一精研，进步迅速。

郑玄在马融门下学习了七年，因父母年迈需要归养，于是向马融告辞返回山东故里。马融感到郑玄或于将来超越自己，对弟子们感慨道："郑生今去，吾道东矣！"意思是说，由他传承的儒家学术思想，一定会由于郑玄的传播而在关东发扬光大。40多岁的郑玄，已经成为全国精通今、古文经学的大师，于诸子百家之学也无所不通，返回家乡后，远近数百上千人闻讯投到他门下拜师听讲，郑玄便一面种田维持生计，一面教授门徒儒学。

汉灵帝建宁四年（171），45岁的郑玄由于曾为杜密故吏遭"党锢之祸"而被禁锢，到58岁才被赦免，前后长达14年。在此期间，他打破经学家法，从事注释与著书，其思想内容被称为"郑学"，为中国经学发展史做出了杰出的贡献，"郑学"逐渐被称为"天下所宗"的儒学。例如，郑玄所注古文经《费氏易》流行，而今文经的施、孟、梁邱三家《易》便废止了；郑玄注《古文尚书》流传，而今文经的欧阳、大小夏侯三家《尚书》便散失了；郑玄笺注的古文经《毛诗》面世，而今文经的齐、鲁、韩三家的《诗》也就不显了。也就是说，"郑学"的出现，使经学的发展产生了重要变化。

解除党禁后，朝廷当政者对郑玄大名早有耳闻，于是争相聘其入朝为官。但郑玄一直不愿涉足仕途，屡拒征辟，一心一意从事著书立说和教育工作。汉灵帝中平三年（186），执掌朝廷权柄的大将军何进首先征辟郑玄入朝，并由郡官吏胁迫起行，郑玄拒不穿朝服相见，仅隔一夜，未等授官就逃走了。中平四年，三府（太尉、司空、司徒）曾先后两次征辟郑玄，都被其借故谢绝。第二年，郑玄被征为博士，后将军袁隗上表推举其为侍中，都被他以居丧为由而拒绝出仕。中平六年，汉灵帝驾崩，少帝刘辩继位，不久董卓废少帝而立献帝，迁都长安。郑玄又被举为赵王刘乾国相，仍未受召。郑玄屡拒征辟，大多隐居家乡，聚徒讲学，专心经术，著书立说。他的弟子遍布天下，学生常常超过千人，为一时之盛。

汉献帝初平二年（191），黄巾军攻占青州，郑玄到徐州避乱。徐州牧陶谦得知郑玄到来，以师友之礼相待。郑玄把自己安顿在南城之山栖迟岩的一座石屋里，很少出头露面，专心注释《孝经》。当时孔融①为北海相，对郑玄特别尊崇，一面为郑玄修葺庭院，一面再三派人敦请郑玄回郡。五年后，郑玄返回北海高密。回到高密后，孔融待之甚厚，告诫僚属不得直呼其名，须尊称"郑君"。

建安五年（200），袁绍与曹操在官渡（今河南中牟县）会战。袁绍为壮军势，争取民心和士望，叫其子袁谭逼迫郑玄随军，郑玄无奈，只好抱病随行。至元城（今河北大名县境），郑玄病情加重，不能再走，同年六月病逝于该县。病重和临危之时，郑玄还在注释《周易》。

郑玄以其毕生精力注释儒家经典，是一位空前的经学大师。他将今、古文界限打破，达到了经学的融合与统一，所注经书，代表了汉代学术的最高成就。郑玄最大的功绩是编辑、注释了"三礼"，《周礼》《仪礼》《礼记》分别由郑玄作注之后才确定下来。现存的《毛诗笺》也是郑玄注释中的力作，是《诗经》研究的第一个里程碑。

---

① 孔融（153—208），字文举，鲁国（今山东省曲阜市）人，东汉末年官员、名士、文学家，为孔子的二十世孙。孔融能诗善文，为"建安七子"之一。魏文帝曹丕称其文"扬（扬雄）、班（班固）俦也。"其散文锋利简洁，六言诗基本反映了汉末动乱的现实。

14
颜之推

颜之推（531—597），字介，琅邪临沂（今山东省临沂市）人，文学家、教育家。

南北朝中大通三年（531），颜之推出生于湖北江陵。由于他家是书香门第，世代钻研《周官》和《左传》，因此，颜之推自幼承袭家学，6岁启蒙就能诵读《鲁灵光殿赋》[①]，8岁时父亲颜勰便去世，自此，颜之推受兄长颜之仪教育和抚养。

大同八年（542），湘东王萧绎在江州（今江西省九江市）亲自教授《庄子》《老子》，12岁的颜之推拜师学习，成为门徒。但颜之推自小不喜欢虚谈，与老庄"虚静"学说无法相融，于是回家自己研习《周官》《左传》。从此，他博览群书，涉及诸子百家。他的文章才情高涨，词情典丽，得到称颂。

太清二年（548），侯景之乱爆发。次年三月，叛军攻陷台城。至五月，梁武帝萧衍在囚禁中不堪屈辱，忧愤而死，太子萧纲即位。湘东王萧绎拜

[①]《鲁灵光殿赋》是东汉辞赋家王延寿创作的一篇赋。此赋追述了鲁恭王当初受封及建造灵光殿的情景，对整个建筑的设计、施工、结构发出了高度的赞叹，赞美灵光殿雄奇瑰丽。全赋文辞华丽，既有两汉事类大赋铺张扬厉、雕凿夸饰等方面的共同特点，又有自身描绘精细、气势雄健的特征。

颜之推为右常侍，加镇西墨曹参军。然而，颜之推虽立大功，却由于性格豪迈，不修边幅，不拘礼法，且好饮酒，从而遭人非议。

大宝元年（550），萧绎在江陵起兵，最初讨伐侯景，任命颜之推为中抚军外兵参军，掌管记。次年闰四月，叛军侯景攻陷郢州，颜之推被俘，侯景多次想杀他，幸得行台郎中王则相救，后用囚车送建康。大宝三年三月，叛军侯景被击败，颜之推被释放，从建康返回江陵。十一月，萧绎在江陵称帝，封颜之推为散骑侍郎，奏舍人事，奉命校书。

承圣三年（554）十一月，西魏攻陷江陵，梁元帝萧绎被俘后遇害，颜之推第二次被俘，被遣送至西魏。西魏的大将军李显庆爱惜其才华，于是推荐他掌管自己兄弟阳平公李远的书翰。但颜之推不想在西魏出仕生活，总是想着如何南归江陵。北齐天宝七年（556），洪水泛滥，黄河水位暴涨。颜之推准备好船只携妻带子借道北齐准备归乡。北齐开国皇帝高洋见后佩服颜之推才华横溢，马上拜他奉朝请，引入内馆之中，侍从左右，十分重视。颜之推感觉高洋不失为一代英主，恰好听到陈霸先废梁敬帝自立的消息，于是他决定留居北齐出仕。

天统二年（566），北齐后主高纬好文艺，也喜欢颜之推儒家学问，调颜之推至京都。左仆射祖珽推重颜之推聪颖机敏，博学有辩才，擅长作文，应对迅速，令他掌理馆事，判署文书。随后采纳颜之推建议而奏立文林馆，撰《修文殿御览》，不久，颜之推即升迁为通直散骑常侍、中书舍人。

承光元年（577），北周出兵晋阳，高纬见情况紧急，无计可施，这时，颜之推献奔陈之策，劝高纬招募吴士7000人作为侍从，取青州、徐州一路投奔陈国，可是，由于丞相高阿那肱等人不愿往陈，并说吴士难以信任，劝高纬送珍宝及家口往青州，据守三齐之地，实不能保时，再浮海南渡。这种情况下高纬没有按颜之推计策行事，让他任平原太守，镇守黄河渡口。同年，北齐被北周所灭，颜之推第三次被俘，被遣送长安。

大象二年（580），颜之推出仕北周，被任命为御史上士。开皇元年（581），权臣杨坚受禅，后周灭亡，杨坚建立隋朝，称隋文帝。次年，杨坚

立子杨勇为太子，颜之推被太子杨勇召为学士，甚为看重。开皇十七年，颜之推因病去世。

颜之推一生研习儒学，并以儒学致仕和教育下一代。在教育方法上，他主张把爱护子女和教育子女相结合，重视父母对子女的榜样作用；在教育思想上，他提倡终身学习，既强调重视儿童的早期教育，也提出了直到当代仍有较强指导意义的晚学思想；在学习内容上，他提倡实学，主张知识分子要接触社会实际生活，学习经世致用的知识，学习农业生产知识。

颜之推著述颇丰，今存《颜氏家训》《还冤志》《急就章注》《证俗音字》和《集灵记》。所创作的《颜氏家训》是中国汉民族历史上第一部体系宏大且内容丰富的家训，开"家训"之先河，在家庭教育、道德修养方面给后人提供借鉴的同时，也为后人研究南北朝的历史及语言文学提供参考。《颜氏家训》行文清畅流美，骈语与散行并致，说理和叙事都疏落爽洁，流传甚广。

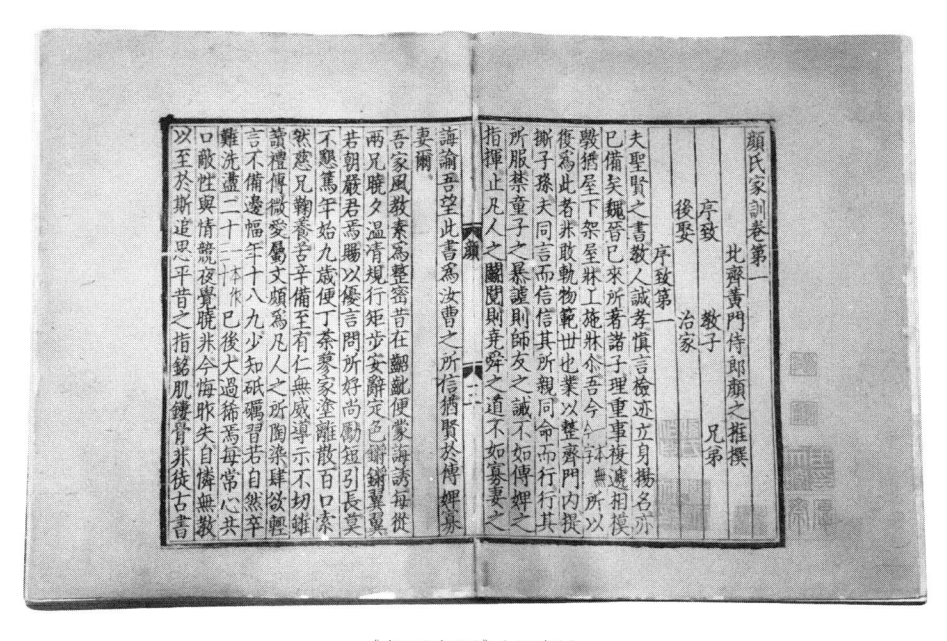

《颜氏家训》（局部）

儒士风雅
——中华文化传承的力量

颜之推生活的年代梁朝末年，社会道德败坏达到极点。王公贵族们看着天子梁武帝被囚饿死台城无动于衷，表明全国无忠臣；梁武帝的儿子们忙着手足相残，对父亲不管不顾，表明孝子不复存在；原满朝文臣武将朝三暮四、旦降夕叛，表明信友消失。颜之推遭遇坎坷，颠沛流离多地，但他慨然将生死置之度外，以仁人志士的风采，冒险举家偷渡北齐，想要报效梁朝，终不能成，也无法忠君报国，无法治国平天下，在此情况下只好专心于教养后人，于是才有了传诵至今的《颜氏家训》。儒学在汉末魏晋的衰落，与魏晋的清谈玄学的主要潮流是分不开的。是他让曾经一度声名扫地的儒学，在南北朝末期重新兴起，到隋唐再度成为社会主流，颜之推可谓为此次儒学复兴带头人之一，从而为隋唐的建立奠定了思想文化和意识形态基础。之后，颜氏一门，数百年家教不衰，门庭光耀，有大儒颜师古[①]、名臣颜真卿[②]等人才辈出，成为华夏名门。

[①] 颜师古（581—645），名籀，字师古，雍州万年（今陕西省西安市）人，祖籍琅邪临沂，经学家、训诂学家、历史学家。颜师古的祖父为名儒颜之推，颜师古的父亲为颜思鲁。

[②] 颜真卿（709—784），字清臣，小名羡门子，别号应方，京兆万年（今陕西省西安市）人，祖籍琅玡临沂。唐朝名臣、书法家，秘书监颜师古五世从孙、司徒颜杲卿从弟。颜真卿书法精妙，擅长行、楷。其正楷端庄雄伟，行书气势遒劲，创"颜体"楷书，对后世影响很大。与赵孟頫、柳公权、欧阳询并称为"楷书四大家"。又与柳公权并称"颜柳"，被称为"颜筋柳骨"。又善诗文，有《韵海镜源》《礼乐集》《吴兴集》《庐陵集》《临川集》等作品传世。

15

韩愈

韩愈（768—824），字退之，河南河阳（今河南省孟州市）人，自称"郡望昌黎"，世称韩昌黎、昌黎先生，唐代文学家、思想家、哲学家、政治家、教育家。

大历三年（768），韩愈出生在官宦世家，其父韩仲卿时任秘书郎。韩愈3岁时，父亲便逝世，由兄长韩会抚养。韩愈9岁时，韩会因受元载牵连，被贬任韶州刺史，到任不久便病逝于韶州任上。兄长早逝后，韩愈先是随寡嫂回河阳原籍安葬兄长，随后又一起避居江南宣州。韩愈这一时期都是在颠沛流离和穷困潦倒中度过，但自小就刻苦读书，学问与日俱增。

贞元二年（786），18岁的韩愈离开宣城，只身前往长安。其间，他先赴河中府（今山西省永济市）投奔族兄韩弇，虽然有幸得到河中节度使浑瑊推荐，但不被任用。次年，族兄韩弇死于非命，韩愈在长安落第，生活无依无靠，幸好得北平王马燧帮助。之后两次参加科举，均以失败而告终，贞元五年，韩愈返回宣城。贞元八年，韩愈终于在第四次进士考试中登进士及第。虽如此，韩愈却连续三次参加吏部的博学宏词科考试失败，科举之路可谓坎坷艰难。贞元十二年七月，韩愈终于受宣武节度使董晋推荐而出任宣武节度使观察推官，开始出仕。此后三年，韩愈一边指导李翱、张籍^①等青年学文，一边利用一切机会，极力宣传自己对散文革新的主张。

贞元十六年（800），韩愈再次前往长安，第四次参加吏部考试，次年通过铨选，再次年，韩愈被任命为国子监四门博士，从此开启了他坎坷的仕途之路。贞元十九年，韩愈晋升为监察御史，见当时负责京城行政的京兆尹李实封锁灾情，谎报关中粮食丰收、百姓安居乐业，不顾灾民流离失所，造成饿殍遍野，于是愤怒之下上奏《论天旱人饥状》，因而得罪李实遭陷害，被贬为连州阳山县令。之后，从贞元二十年到元和七年（804—812），韩愈屡被任命、升迁，却屡遭贬斥，曾创作《进学解》自喻。

元和十二年（817）八月，宰相裴度[2]任淮西宣慰处置使、兼彰义军节度使，聘请韩愈任行军司马，赐紫服佩金鱼袋，随征淮西。韩愈建议裴度派精兵千人从小路进入蔡州，必能擒拿反叛的藩镇割据将领吴元济。然而，裴度犹豫之间，还未能及时采取行动，李愬却已经自文城（今河南省南阳市唐河县）提兵趁雪夜入蔡州，果然擒得吴元济。随军三军将士，无不为韩愈惋惜。韩愈又献计裴度说："现如今凭借平定淮西的气势，对镇州王承宗可不必用兵，用言语即可说服。"他便找到柏耆，口授致成德节度使王承宗书信，让柏耆执笔，并带上书信进入镇州，王承宗看书信后，慑于裴度

---

① 张籍（约766—约830），字文昌，唐代诗人，和州乌江（今安徽省马鞍山市和县乌江镇）人。张籍为韩愈大弟子，其乐府诗与王建齐名，并称"张王乐府"。代表作有《秋思》《节妇吟》《野老歌》等。而后与李绅、元稹、白居易交游甚密，为新乐府运动的倡导者和参与者。

② 裴度（765—839），字中立，河东闻喜（今山西省运城市闻喜县）人。唐代中期杰出的政治家、文学家。裴度为将相二十余年，辅佐唐宪宗实现"元和中兴"。他荐引李德裕、李宗闵、韩愈等名士，重用李光颜、李愬等名将，还保护刘禹锡等人。史称其"出入中外，以身系国之安危、时之轻重者二十年"，被时人比作郭子仪。在文学上，裴度主张"不诡其词而词自丽，不异其理而理自新"，反对在古文写作上追求奇诡。他对文士多所提掖，受时人敬重。留守东都时，与白居易、刘禹锡等唱酬甚密，为洛阳文事活动的中心人物。

兵威，表示服从朝廷，上表献上德州、棣州。淮西平定后，韩愈随裴度回朝，因功授职刑部侍郎，唐宪宗命他撰写《平淮西碑》，碑文很大篇幅叙述裴度事迹，这却恼了李愬。李愬认为自己率先入蔡州，生擒吴元济，功劳自然最大，碑文中却不突出，加之李愬之妻入宫诉说碑辞诵裴度过分，唐宪宗便下令磨除韩愈所写碑文，命翰林学士段文昌重新撰写刻碑。唐宪宗自此事也对韩愈带有成见。

韩愈是一位重要的思想家。在宋儒眼中，孔、孟之下便是韩愈。儒学在魏、晋之后式微，在释、道盛行之际，韩愈致力于复兴儒学，力辟佛、老，取得了重大成功。韩愈"谏迎佛骨"使其在儒学史上留有浓墨重彩的一笔。元和十四年（819）正月，唐宪宗下诏，派使者前往凤翔迎佛骨，使得长安掀起信佛狂潮。韩愈一向主张复兴儒学，排斥佛、老之说，于是不顾个人安危，毅然上疏《论佛骨表》，极力劝谏，希望天下人不要被佛骨误导，要求将佛骨烧毁。唐宪宗阅奏后大为震怒，要用极刑处死韩愈，幸亏裴度、崔群等人极力劝谏。然而，虽死刑可免，但重罚是必然的，于是将他贬为潮州刺史。同年十月，唐宪宗大赦天下，韩愈改移（唐宋公文用语）为袁州（今江西省宜春市）刺史。次年春，韩愈抵达袁州。按照袁州风俗，平民女儿抵押给人家做奴婢，超过契约期限而不赎回的，就被出钱人家没为家奴。韩愈到后，设法赎出那些被没为家奴的男女，让其回到父母身边。还特别禁止此风，不许买人为奴。

长庆二年（822）九月，韩愈转任吏部侍郎。次年六月升任京兆尹兼御史大夫。长庆四年八月，韩愈因病在长安靖安里的家中逝世，终年57岁，获赠礼部尚书，谥号文。

韩愈是古文运动的倡导者，主张继承先秦两汉散文传统，反对专讲声律对仗而忽视内容的骈体文。韩愈之文气势雄伟，逻辑性强，说理充分透彻，被尊为"唐宋八大家"之首,时有"韩文"之誉。韩愈和柳宗元①倡导的古文运动,开辟了唐以来古文的发展道路。韩愈有《韩昌黎集》传世,《原性》《原道》为儒学力作。在教育方面,他力改当时耻为人师之风,广招后学,亲授门徒,作《师说》这一论说师道、激励后世和提携人才的名篇。

韩愈是著名的文学家、古文运动的领导者,也是一位之后对宋明理学起源与发展有重大影响的哲学家。韩愈为了抵御、压制佛道两派,继承和发展了董仲舒的"性三品"说,并建立了一套"道统"理论体系。他以仁、义、礼、智、信为人性内涵,将人性的本质归于道德理性,理论渊源有出自孟子的痕迹。他认为:"性之品有上中下:上焉者,善焉而已矣;中焉者,可导而上下也;下焉者,恶焉而已矣。上焉者之于五也,主于一而行于四;中焉者之于五也,一不少有焉,则少反焉,其于四也混;下焉者之于五也,反于一而悖于四。"

韩愈认为,孟子的性善之论、荀子的性恶之论以及扬雄的性善恶混的理论,都是针对中品之性而阐发的,并没有真正包括上品至善之性和下品至恶之性。

韩愈指出"情三品"也分为上中下。情的具体内容包括:喜、怒、哀、惧、爱、恶、欲。上品之情是对七种情感之生发,"动而处其中",即情感的表达比较适中而合乎理性;中品之情是对七种情感"有所甚,有所亡",即有些方面表现太为过分,有些方面则表现不够,经努力也可以合并中道;下品之情,对情感的生发则是"亡舆甚,直情而行者也",即多过于不及,且肆情纵欲,不加节制。每一品中的情和性,都是相互配合的。上品的"情"对

---

① 柳宗元(773—819),字子厚,河东(今山西省运城市)人,唐宋八大家之一,唐代文学家、哲学家、散文家和思想家,世称"柳河东""河东先生",因官终柳州刺史,又称"柳柳州""柳愚溪"。与韩愈并称为"韩柳",与刘禹锡并称"刘柳",与王维、孟浩然、韦应物并称"王孟韦柳"。柳宗元一生留诗文作品达600余篇,其文的成就大于诗。骈文有近百篇,散文论说性强,笔锋犀利,讽刺辛辣。游记写景状物,多所寄托,有《河东先生集》,代表作有《溪居》《江雪》《渔翁》。

应上品的"性",此时七情虽动,但其动皆合乎中道;中品的"情"对应中品的"性",此时之动或有过,或有不及,但其动仍然努力合乎中道;下品的"情"对应下品的"性",此时七情发动,多过于不及,且肆情纵欲,不加节制。"性"与"情"二者密切联系,而且只有两者统一,才能生发出合乎道德的行为。

韩愈在对佛道二教展开激烈抨击的同时,也不得不承认儒家文化自孔子之后衰落了。韩愈在《原道》中首次提出"道统论",他认为,虽然经三国魏晋时代的冲击,中华文化(即儒家主体文化)还是具备一贯的精神,即有儒家道统,这个道统由历代圣贤相传,即由尧传舜、由舜传禹,禹传汤再传至文、武、周公,文武周公传至孔子,孔子传至孟子,孟子之后即没有正宗传人,而他认为自己即为儒学道统正宗传人,上接孟子。

总之,韩愈在中国思想文化史上占据着十分重要的地位,正如陈寅恪先生所指出的"退之者,唐代文化学术史上承先启后、转旧为新关捩点之人物也"。

韩愈经典名句

1. 业精于勤,荒于嬉;行成于思,毁于随。——《进学解》
2. 仰不愧天,俯不愧人,内不愧心。——《与孟尚书书》
3. 濯清泉以自洁。——《送李愿归盘谷序》
4. 飞黄腾踏去,不能顾蟾蜍。——《符读书城南》
5. 人生处万类,知识最为贤。——《谢自然诗》
6. 读书患不多,思义患不明。患足己不学,既学患不行。——《赠别元十八协律六首》

16 李翱

　　李翱（772—841），字习之，陇西狄道（今甘肃省临洮县）人。唐代文学家、哲学家、诗人。凉武昭王李暠十三世孙，北魏司空李冲十世孙，贝州司法参军李楚金之孙。

　　李翱自小便勤于钻研儒学，而且博雅好古，创作的文章特别注重精神道德。在25岁时，于汴州相识韩愈，被韩愈的才华打动，并非常赞同韩愈关于恢复古文运动主张，在对待儒佛道的学术争议上更是高度一致，所以，相遇后李翱一直追随韩愈，并娶韩愈侄女为妻。他们经常一起读文论学，写作古文，维护儒道，反对佛老，发表文学主见，积极倡导古文运动。

　　唐德宗贞元十四年（798），李翱高中进士第，初任校书郎，后来经过三次升迁，一直做到京兆府司录参军。唐宪宗元和四年（809），担任国博士、史馆修撰等职务。他主张"指事载功，则贤不肖易见"然后"可以传言后世"的治史观点，他认为之前史官记载史事不真实，于是上奏状，希望以自己的奏章发给主管考核官吏的部门备案。皇帝听从了他的建议。元和十五年，李翱任考功员外郎，并兼史职。

　　李翱性格耿直，议论事情总是无所避忌。权贵们虽然推崇他的学识，但总是非常厌恶他的偏激和直言。因而他长时间得不到升迁。谏议大夫李景俭一度"举翱自代"，后因李景俭遭遇贬黜，李翱也被降为朗州刺史。当李景俭复职后，李翱又被召为礼部郎中。一天，郁闷之际，总觉自己重振朝纲的抱负无法实现，他郁愤无处发泄，便径直入中书省去见宰相李逢吉，并当面列举了李逢吉的过失，虽然李逢吉没和他计较，但李翱还是自感不安，于是请求休假，告病还乡。朝廷按照先例停他官职一百天，事实上，李逢吉也并未真正计较其言行，仍上奏举荐他为庐州刺史。

李翱到庐州后，正值旱灾严重，逃亡人数众多，官吏们大量抢购田屋以获取暴利，而倾家荡产的人家却仍要照旧交纳税赋。李翱下令"以田占租"，不得隐瞒，收缴大户豪门万余缗（mín），让贫苦百姓得以安生。唐文宗大和初年（827），李翱入朝担任谏议大夫、知制诰。大和三年，改中书舍人。不久，出仕郑州刺史，后改任桂州刺史、御史中丞、桂管都防御使、谭州刺史、湖南观察史等职。大和八年，被征召为刑部侍郎，后转为户部侍郎、检校户部尚书、襄州刺史，充任山南东道节度使。唐武宗会昌元年（841），李翱卒，谥号为"文"，世称李文公。

李翱于儒学传承上极力阐释韩愈关于"道"的观念，作为韩愈弟子，他的文学思想受老师影响很深，也积极协助推行古文运动，主张文章要义、理、文三者并重，"文以载道""文以明道"；主张反佛"复性"发挥《中庸》"天命之谓性"的思想；主张性善情恶说，认为孔子是"圣人之大者也"（《李文公集·帝王所尚问》）。他认为成为圣人的根本途径只有"复性"，即恢复善性。李翱认为"复性"的方法是"视听言行，循礼而动"，极力做到"忘嗜欲而归性命之道"，使自己的身心在"弗思弗虑"中达到"清明"和"至诚"的境界。李翱作《复性书》三篇，论述"性命之源"等问题，讲述儒家孔孟之学就是要明心见性，主张人们的言行都应以儒家的"中道"为标准，其思想为后来的"道问学"发展奠定了基础，成为宋朝儒学的起源，开启了宋代理学谈心性之先河。其一，他把"性"与"情"分开，认为"性善情恶"，性是天授，所以是善的，而其恶是因为被"情"所蒙蔽，这一点启迪了后来理学家对"天命之性"和"气质之性"的分野，亦是理学家"天理""人欲"之辨的根源；其二，他的"弗虑弗思，情则不生"的所谓"正思"

的修养方法，对北宋二程"主敬"的工夫论产生极大影响，也可以认为是南宋朱熹与张栻争论"未发""已发"这一"中和"理论的先声；其三，李翱特别重视《小戴礼记》中的《中庸》一篇，把《中庸》所讲的"性命之学"，看作是孔孟思想之精髓，这也开启了宋儒重视《中庸》的风气之先。

李翱虽主张反佛，但开悟得道起源于佛法的点拨。元和十五年（820），李翱任朗州（今湖南省常德市）刺史时，听闻附近澧州药山上慈云寺内的惟俨大师①佛法高深，就想请这位大师过来论"道"，可是，没想到三番五次都被拒绝相见。李翱只好亲自上药山，登门拜访。谁知大师执经在手诵读，根本不予接见理会，即使侍者特别提醒通报。要知李翱本就性直而自负，顿时愤怒，说道："真是见面不如闻名！"转身欲走。惟俨大师这时才轻唤一声："李翱！"李翱一怔："在。"大师笑道："太守何得贵耳贱目？"意为：你为什么相信耳闻之事，而不相信亲眼所见？李翱一听，于是拱手道歉，单刀直入问道："大师，什么是道？"惟俨伸出手指，指上指下，然后问："懂吗？"李翱茫然。惟俨大师说："云在青天，水在瓶。"李翱如醍醐灌顶，心中突然开悟，如同亮起明灯，又像寒冰顿时消解，于是写下《赠药山高僧惟俨》二首：

其一
练得身形似鹤形，千株松下两函经。
我来问道无馀说，云在青霄水在瓶。

其二
选得幽居惬野情，终年无送亦无迎。
有时直上孤峰顶，月下披云啸一声。

---

① 惟俨大师（737—834），别号药山，唐代高僧，石头希迁禅师法嗣。绛州（今山西省侯马市）人，俗姓韩。惟俨是禅宗南宗青原系僧人，曹洞宗始祖之一，是联系马祖道一禅系和石头希迁禅系的重要禅师，在禅宗历史上有着举足轻重的地位。

17 欧阳修

欧阳修（1007—1072），字长叔，号醉翁，晚年号六一居士，江西庐陵（今江西省吉安市永丰县）人，政治家、文学家、史学家。

北宋景德四年（1007），欧阳修出生于绵州（今四川省绵阳市），当时他父亲欧阳观任绵州军事推官，母亲郑氏亦是江西吉安人。大中祥符三年（1010），欧阳修年仅4岁时，父亲去世，从此与母亲相依为命，只得前往湖北随州，投奔叔叔欧阳晔。叔叔欧阳晔在随州任推官25年，为人正直，廉洁自律，家庭也不富裕，其为人对年幼的欧阳修产生了重要影响。母亲郑氏出身于江南名门望族，是知书达理的大家闺秀，在困难的生活境况下，用荻秆（芦秆）当笔在沙地上教欧阳修读书写字（画荻教子《宋史·欧阳修传》）。加上欧阳晔的关怀照顾，童年的欧阳修算是得到了基本的教育。

欧阳修10岁时，偶然机会从随州李氏家中得到唐代文学家韩愈的《昌黎先生文集》六卷，非常喜欢，从此，手不释卷，为日后的诗文革新播下了种子。但欧阳修的科举之路甚是坎坷。宋仁宗天圣元年（1023），17岁的他应试落榜。天圣四年，第二次科举又以失败而告终。22岁时，欧阳修跟随知汉阳军的胥偃①前往京师。天圣七年（1029）春，由胥偃保举，欧阳修就试于开封府国子监，秋天，再参加国子监的解试，在国子学的广文馆试、国学解试中均获第一名，成为监元和解元，又在第二年的礼部省试中再获第一，成为省元。天圣八年，欧阳修参与由宋仁宗主持的殿试，中甲科十四名，位列二甲进士及第，终于扬眉吐气。据说，当时主考官晏殊②未能让他夺魁，主要是因他锋芒过露，加上众考官也欲挫其锐气，以促其进一步成才。

进士及第的欧阳修被授将仕郎，试秘书省校书郎，充任西京（今洛阳）留守推官。宋代有"榜下择婿"的风俗，这时，欧阳修被恩师胥偃择为女婿，金榜题名的同时，迎来洞房花烛。

时任西京留守的钱惟演，非常厚待欧阳修等青年才俊，不仅很少让这些年轻文人承担琐碎的行政事务，还公然支持他们吟诗作赋、"吃喝玩乐"。欧阳修等人不满足于当时文坛上流行的工整骈文，而是凭借自己的学识，效法先秦两汉文章，趁机打破当时陈腐的文风，推行"古文"。

景祐元年（1034），欧阳修被召试学士院，授官宣德郎，回京任馆阁校勘，参与编修《崇文总目》。此时，北宋王朝积贫积弱的弊病开始显现，社会矛盾日益突出。景祐三年，与欧阳修交往颇深的范仲淹③着手呼吁改革，

---

① 胥偃，字安道，潭州长沙（今湖南省长沙市）人。北宋大臣，欧阳修的岳父。年少考中进士，授大理评事，出任湖舒二州通判，历任集贤院学士、同判吏部南曹、太常丞、开封知县、著作佐郎、光化军监酒、邓许二州通判、太常丞、知汉阳军、刑部员外郎、知制诰，累迁工部郎中、翰林学士、权知开封府，反对"庆历新政"。
② 晏殊（991—1055），字同叔，江南西路抚州临川县（今江西省临川市）人。北宋政治家、文学家。晏殊以词闻名于文坛，尤擅小令，风格含蓄婉丽，与其第七子晏几道被称为"大晏"和"小晏"，又与欧阳修并称"晏欧"。后世尊其为"北宋倚声家初祖"；亦工诗善文，其文章又能"为天下所宗"。原有文集，今已散佚。存世作品有《珠玉词》《晏元献遗文》《类要》残本。
③ 范仲淹（989—105），字希文，吴县（今江苏苏州市）人。北宋时期政治家、军事家、文学家、教育家。范仲淹文武兼备，政绩卓著，文学成就突出。他倡导的"先天下之忧而忧，后天下之乐而乐"思想和仁人志士节操，对后世影响深远。有《范文正公文集》传世。

17 欧阳修

他把出现的社会问题基本归咎于腐败，欧阳修认为冗官冗员也是根本问题之一。最后，范仲淹的改革冒犯到许多既得利益者，受到权贵打击，被贬至饶州。欧阳修作为改革派人物，亦被贬为夷陵（今湖北省宜昌市）县令。

康定元年（1040），欧阳修被召回京复任馆阁校勘，编修《崇文总目》，后奉命知谏院。庆历三年（1043），出仕右正言、知制诰。其时，范仲淹又联合韩琦、富弼等人推行"庆历新政"，欧阳修积极参与革新，成为革新派干将，提出革新吏治、军事、贡举等主张。"庆历新政"在守旧派的极力阻挠下，遭受失败。之后，范仲淹、韩琦、富弼等相继被贬，欧阳修因上书分辩被贬知滁州（今安徽省滁州市），在滁州，欧阳修写下了不朽名篇《醉翁亭记》，古文艺术达到成熟之境。欧阳修为官依旧保持轻松慵懒的态度，为政"宽简"，使得官民称便，但就是在这样的执政方针下，滁州反而被治理得井井有条。

皇祐元年（1049），欧阳修被召回朝，先后任翰林学士、使馆修撰等职。至和元年（1054）八月，欧阳修遭诬陷被贬。当他向宋仁宗辞行时，时任吏部员外郎的吴充（1021—1080，字仲卿）向宋仁宗进言："修以忠直擢侍从，不宜用谗逐。若以为私，则臣愿与修同贬。"于是，欧阳修又以翰林学士留朝，开始修撰史书。

嘉祐二年（1057）二月，欧阳修以翰林学士身份主持进士考试，担任礼部贡举的主考官。他提倡平实文风，在这次考试中，看到一份答卷文章语言流畅，说理透彻，十分喜爱，想取为第一，但又担心这是自己的学生曾巩①之文章，遂忍痛取为第二。结果试卷拆封后，才发现这份卷子的作者是苏

---

① 曾巩（1019—1083），字子固，生于建昌军南丰（今江西省南丰县），后居临川，北宋文学家、史学家、政治家。曾巩祖父曾致尧、父亲曾易占皆为北宋名臣。曾巩为政廉洁奉公，勤于政事，关心民生疾苦，与曾肇、曾布、曾纡、曾纮、曾协、曾敦并称"南丰七曾"。曾巩文学成就突出，其文"古雅、平正、冲和"，位列唐宋八大家，世称"南丰先生"。

轼①。同批录取的还有苏轼之弟苏辙及曾巩等北宋文坛上的一批重要人物。欧阳修以其卓越的识人之明，为北宋及整个中国文学史做出了突出贡献。

欧阳修在文学方面，对文与道的关系持有新的观点，他认为儒学之道是与现实生活密切相关的，提倡"文道并重"，这与韩愈一脉相承，即把文学看得与道同样重要，同时把文学的艺术形式看得与思想内容同样重要。在经学方面，欧阳修研究《春秋》，不拘于前人之说，有比较独到见解。他创辟金石学，编辑和整理了周代至隋唐的金石器物、铭文碑刻上千条，并撰写成《集古录跋尾》十卷四百多篇，是今存最早的金石学著作。在史学方面，除了参加修订的《新唐书》外，还自撰《新五代史》，总结五代的历史经验，意在引以为鉴，在史学方面取得非凡成就。欧阳修书法亦著称于世，受颜真卿影响较深。也就是说，欧阳修在文学、经学、史学、政治思想等领域都有建树，是北宋古文运动、疑经思潮的领袖，而这些都与他的儒学思想以及复兴儒道的主张相一致。

欧阳修推崇认可韩愈的儒家"文统"与"道统"。他改革科考文风，提拔大量后学，以儒家诗教纠正颓废靡侈和艰涩难懂两种不良文风，轰轰烈烈开展与儒学复兴相一致的古文运动。欧阳修的经学研究偏重义理而轻训诂，与两汉大相径庭，也不为之前传注迷惑，为宋代理学开辟了道路。欧阳修强调学以致用，尊王道排佛老，提倡正统论，主张构建儒家政治社会。他重人事、轻天命，"以文传儒家之道，以史倡礼义廉耻"，与孔子作《春秋》一脉相承，亦与司马迁著《史记》相呼应。

---

① 苏轼（1037—1101），字子瞻，又字和仲，号铁冠道人、东坡居士，世称苏东坡，眉州眉山（今四川省眉山市）人，北宋文学家、书法家、美食家、画家，治水名人。苏轼是北宋中期文坛领袖，在诗、词、散文、书、画等方面取得很高成就。文纵横恣肆，诗题材广阔，清新豪健，善用夸张比喻，独具风格，与黄庭坚并称"苏黄"；词开豪放一派，与辛弃疾同是豪放派代表，并称"苏辛"；散文著述宏富，豪放自如，与欧阳修并称"欧苏"，为"唐宋八大家"之一；善书，"宋四家"之一；擅长文人画，尤擅墨竹、怪石、枯木等。作品有《东坡七集》《东坡易传》《东坡乐府》《潇湘竹石图》《枯木怪石图》等。

熙宁五年闰七月（1072年9月），欧阳修在家中逝世，享年66岁。获赠太子太师，两年后，获赠谥号"文忠"。

欧阳修经典名句

1. 忧劳可以兴国，逸豫可以亡身，自然之理也。——《新五代史·伶官传序》
2. 君子之修身也，内正其心，外正其容。——《左氏辨》
3. 异乡物态与人殊，惟有东风旧相识。——《春日西湖寄谢法曹歌》
4. 月上柳梢头，人约黄昏后。——《生查子·元夕》
5. 泪眼问花花不语，乱红飞过秋千去。——《蝶恋花》
6. 醉翁之意不在酒，在乎山水之间也。——《醉翁亭记》
7. 文章太守，挥毫万字，一饮千钟。——《朝中措·平山堂》
8. 人生自是有情痴，此恨不关风与月。——《玉楼春·尊前拟把归期说》

18

周敦颐

周敦颐（1017—1073），又名周元皓，原名周敦实，字茂叔，谥号元公。道州营道楼田保（今湖南省道县）人，世称濂溪先生，宋朝儒家理学开山鼻祖，文学家、哲学家。

宋真宗天禧元年（1017），周敦颐出生于道州营道县营乐里楼田保。他有一个比他大5岁的姐姐和一个小他4岁的弟弟，都在宋仁宗天圣六年（1028）相继病亡。次年，小周敦颐在仆人周兴的陪伴下，担着书籍，怀揣着许许多多问题，带上简单的生活用品，奔向县城西数十里外清塘镇一个风景圣地"月岩"，开始专心读书、思考。

天圣八年（1030），14岁的周敦颐丧父，无奈之下，周敦颐跟着母亲，经过两个多月的旅途奔波，投靠舅舅。舅舅龙图阁学士郑向非常喜欢周敦颐，因其聪慧仁孝，又酷爱白莲，于是就在自家宅前的西湖凤凰山下筑亭，并多植白莲，让周敦颐负笈其间，早晚研读经典。景祐三年（1036），舅舅郑向依据官衔，按照朝廷惯例可得到恩荫，获准其下一名子弟出仕做官，宠爱周敦颐如子的舅舅将这个机会给了他，让他当上了朝廷将作监主簿，同年，周敦颐娶朝廷兵部职方郎中陆参之女陆氏为妻。

康定元年（1040），周敦颐24岁，为舅舅、母亲守丧三年期满后出仕洪州分宁县主簿。庆历四年（1044），周敦颐得吏部考核好评，28岁的他开始了仕途的第一次升迁,提任南安军司理参军。庆历六年,周敦颐担任荆湖南路郴州郡郴州县县令,公务之余,他兴教办学,利用旧有的县学兴教讲学。大理寺臣程珦在南安(今江西省大余县南安镇)认识周敦颐后,见他"气貌非常人",更认为他"为学知道",即与他结为好友,没过多久,就将两个儿子程颢、程颐送至南安,拜周敦颐为师受业。

嘉祐四年(1059),太常丞蒲宗孟从合州(今重庆市合川区)经过,与周敦颐交谈多日,深感周敦颐气质高雅,性情旷达潇洒,于是把自己妹妹蒲氏嫁给了亡妻后的周敦颐。次年六月,周敦颐从合州辞职回京,与回京述职的王安石①相遇。相互仰慕已久的他们交流切磋,王安石对年长四岁的周敦颐崇敬有加,相见恨晚,以至于离开后还久久回味、感慨,甚至茶饭不思。他们的聚会和交谈,双方都得到了新的启悟。

嘉祐六年(1061),周敦颐迁国子监博士,通判虔州。嘉祐八年五月,周敦颐与友游玩聚会。兴之所至,他一气呵成,挥笔而就名传后世的《爱莲说》。此文明确了他的价值追求,就是要做一名君子,做一名胸怀坦荡、光明磊落、为人正直的君子,做一名具有独立人格,不避世,敢于担当,不追求个人荣华富贵,"达则兼济天下"的君子。

周敦颐在治学中提出许多新问题,并作出新的论断,把儒学又推进了一步,其提出的无极、太极、阴阳、五行、动静、主静、至诚、无欲、顺化等理学基本概念,为后世的理学家反复讨论和发挥,构成后世理学体系主要

---

① 王安石(1021—1086),字介甫,号半山。抚州临川(今江西省抚州市)人。北宋时期政治家、文学家、思想家、改革家。王安石潜心研究经学,著书立说,创"荆公新学",促进宋代疑经变古学风的形成。在哲学上,他用"五行说"阐述宇宙生成,丰富和发展了中国古代朴素唯物主义思想;其哲学命题"新故相除",把中国古代辩证法推到一个新的高度。在文学上,王安石具有突出成就,其散文简洁峻切,短小精悍,论点鲜明,逻辑严密,有很强的说服力,充分发挥了古文的实际功用,名列"唐宋八大家";其诗"学杜得其瘦硬",擅长于说理与修辞,晚年诗风含蓄深沉、深婉不迫,以丰神远韵的风格在北宋诗坛自成一家,世称"王荆公体";其词写物咏怀吊古,意境空阔苍茫,形象淡远纯朴。有《临川集》等著作存世。

内容，从而使其成为宋明理学的开山祖师。其哲学思想的核心为"诚"字，"诚"是他关于天道、人道、天人合一之道的最高境界。他的"诚"分为天道本体论和心性本体论。周敦颐认为"诚"是宇宙存在的依据，是宇宙的本体，即天道本体论。他坚信人类具有真诚善良的本性，发挥《中庸》关于"诚"的思想，从宇宙论进而推演出人道观，建立以"诚"为本的伦理道德学说，即是心性本体论。

周敦颐的学问以"主静为宗"，平生所得精粹都发挥在《太极图说》《通书》之中。《太极图说》是他为《太极图》写的一篇说明。《太极图》据传为宋朝道士陈抟（tuán）①传出。陈抟是五代至宋初的一位道士，对道家思想和易学有很深的造诣。据史书记载，陈抟将《后天太极图》《八卦图》《河图》以及《洛书》传给学生种放，种放将它们分别传给穆修、李溉等人，后来穆修将《太极图》传给周敦颐，由周敦颐著《太极图说》加以解释。《太极图说》全文249字，认为"太极"是宇宙的本原，人和万物都是由于阴阳二气和金木水火土五行相互作用构成的。五行统一于阴阳，阴阳统一于太极。《太极图说》由太极推及到人极，突出人的价值和作用，而在人

周敦颐像，宋濂溪周元公先生集，明万历三年(1575)王俸、崔惟植刻本

---

① 陈抟（871—989），字图南，号扶摇子，赐号"白云先生""希夷先生"，亳州真源（今河南省鹿邑县）人。著有《胎息诀》《指玄篇》等专著。后拜麻衣道者为师，从事《易》学研究，著有《麻衣道者正易心法注》《易龙图序》《太极阴阳说》《太极图》和《先天方圆图》等。

周敦颐所书楷书"无欲故静"

群中,又特别突出圣人的价值和作用。周敦颐一方面从陈抟道家易学里吸收了太极图析说,并赋予新的解释,又继承了汉唐以来义理学派的传统,从而成为宋明道学家解易的先驱。

《通书》是周敦颐读《易经》的心得,他以自己的境界和学识,同时杂糅儒、释、道三家的根本精神,出入于儒、释、道三教之间,把儒、释、道的智慧通过《易经》的读书心得凝练在一起,奠定其宋明理学开山祖师的地位。

熙宁五年(1072),周敦颐不幸感染瘴疠而辞官,从此归隐定居在庐山莲花山下,他将门前小溪命名为家乡的"濂溪",居地为濂溪学堂。次年,病故于庐山濂溪书堂,终年57岁。

周敦颐经典名句

诚者,圣人之本,百行之源也。——《通书》

争名逐利千绳缚,度水登山万事休。——《同石守游》

出淤泥而不染,濯清涟而不妖。——《爱莲说》

堪笑荣华枕中客,对莲余做世外仙。——《对莲》

19 张载

张载（1020—1077），字子厚，陕西凤翔郿县（今陕西省宝鸡市眉县）横渠镇人，世称横渠先生。北宋思想家、教育家，理学创始人之一。

宋真宗天禧四年（1020），张载出生于长安（今陕西省西安市），名字由家人取自《周易·坤卦》：厚德载物。张载自小天资聪慧，少年丧父的经历，使他比常人较早成熟。

宋仁宗庆历元年（1041），西夏常常侵扰西部边陲，宋朝为了边境和平，只好向西夏纳贡大量物资。张载虽不喜欢谈兵事，但也深受刺激，于是写《边议九条》，向当时任陕西经略安抚副使、主持西北防务的范仲淹上书，陈述自己的见解和意见，并打算组织民兵去夺回被西夏侵占的失地，为国家建功立业，博取功名。范仲淹被他保卫家乡、收复失地的精神所感动，亲自接见了这位志向非凡的儒生，但范仲淹认为张载作为儒生一定可成大器，勉励他去攻读《中庸》，不须去研究军事，而应在儒学上下功夫，于是对他说："儒者自有名教，何事于兵？"张载听从了范仲淹的劝告，回家刻苦攻读儒家经典《中庸》。然而，研读《中庸》并没有让他的心灵感到满足，于是又开始读佛、道之书，可还是感觉不能实现自己的人生抱负，只好又回到儒家学说上来。之后，经过十多年的钻研，终于参悟出儒、佛、道之间互补的奥秘，逐渐建立起自己的学说，世称"关学"。

19 张载

嘉祐二年（1057），38岁的张载赴汴京（今河南省开封市）参加科举考试，当时正值一代文豪欧阳修担任主考官，张载与苏轼、苏辙兄弟及曾巩同登进士。就在候诏待命之际，宰相文彦博[①]支持并邀请张载，在京城相国寺设虎皮椅讲《易》，影响很大。又恰遇周敦颐弟子、自己的二位表侄程颢、程颐（世称二程），此时二程已学有所成，对《易》的理解也颇为深刻，张载在静心听了二程对《易经》的见解后，对听讲人说："易学之道，吾不如二程，可向他们请教。"此话一出，二程在京城也名声大震。张载进士及第后，先后任祁州（今河北省安国市）司法参军、云岩（今陕西宜川县境内）县令、著作佐郎、签书渭州（今甘肃省平凉市）军事判官等职。他办事认真、政令严明，推行德政，重视道德教育，提倡尊老爱幼的社会风尚。在渭州，张载深受环庆路经略使蔡挺尊重和信任，军府大小之事都向他咨询。他创"兵将法"，推广边防军民联合训练作战，撰写了《经原路经略司论边事状》和《经略司边事划一》等，展现了军事政治才能。

宋神宗熙宁二年（1069），御史中丞吕公著[②]向神宗推荐张载，认为张载学有本原，四方学者皆宗。神宗召见张载，以治国为政方法策问，张载提出以渐复夏、商、周三代为对。神宗非常满意，有留派往中书省任职的想法，但张载以不了解王安石变法为由要求暂缓。之后，张载由于其弟与王安石变法相冲突而辞官回到家乡横渠。

张载回到横渠后，更加沉醉于讲学读书，在参经悟道过程中，"俯而读，

[①] 文彦博（1006—1097），字宽夫，号伊叟，汾州介休（今山西省介休市）人。北宋时期著名政治家、书法家。文彦博历仕仁、英、神、哲四朝，荐跻二府，七换节钺，出将入相五十年。为相期间，稳固朝局，大胆提出裁军八万之主张，精兵简政，减轻人民负担，被世人称为贤相。有《文潞公集》四十卷，《全宋词》录其词一首。

[②] 吕公著（1018—1089），字晦叔，寿州（今安徽省寿县）人。北宋中期官员、学者，太尉吕夷简第三子。吕公著讲说以治心养性为本，语约而理尽。在宋代学术史上，开启了吕学端绪。他一生著述颇丰，著有《五州录》《吕申公掌记》《吕正献集》《吕氏孝经要语》《葵亭集》等。

仰而思。有得则识之，或半夜坐起，取烛以书"。他依靠家中的数百亩薄田，也算过着不愁生计的生活。在这期间，张载写下了大量著作，总结了自己一生的学术成就，并带领学生实践恢复古礼和井田制。张载极力推行"井田"，曾把自己撰写的《井田议》上奏朝廷。他和学生们买地，按照《周礼》模式，划分公田、私田等分给无地或少地的农民，疏通东西二渠，以证明井田制的可行性和有效性。

"关学"由张载创立，以其弟子及后世诸代传承人士为主体，形成以关中为基地的儒学重要学派，与二程的洛学、周敦颐的濂学、王安石的新学、朱熹的闽学齐名，共同构成宋代儒学主流。

张载一改儒家学者自汉唐以来专注典籍章句训释和玄空清谈风气，带着"为天地立心，为生民立命，为往圣继绝学，为万世开太平"的历史使命感，力图探求根本解决之道。此名言被当代哲学家冯友兰称作"横渠四句"，因其言简意宏，历代传诵不衰，比孔子"人能弘道，非道弘人""我欲仁，斯仁至矣"和孟子"亲亲而仁民，仁民而爱物"更加雄浑大气、豪气干云，将儒家"大仁"之人文精神高高弘扬。

关学提出了"闻见之知"和"德性之知"两个概念。这是中国古典哲学关于认识和知识理论的一个创举。张载认为，人的认识过程分为闻见之知与德性之知两个阶段，即所谓感性

民国四大书法家之一于右任草书"横渠四句"

认识与理性认识，只有闻见之知，并不能全面认识天下有形象的万事万物，更不能穷尽无形无象的事物之理，要穷理尽性，必须要有德性之知，这是比闻见之知更广泛、更深刻的知识，只有德性之知才为真知，才能反映万物的本性本质。

张载对人性论亦有独特见解。他在总结先秦诸子百家关于人性的论述的基础上，提出"天地之性"和"气质之性"的说法。他认为，天地之性诚明至善，是善的来源，而气质之性有善有恶，是恶的来源，是人欲的体现。关学天地之性、气质之性的学说，既为人性善恶找到了合理的解释，又为天理、人欲之辩提供了理论依据，对于争论了一千多年的性善论和性恶论给出了一个总结性的合理解释。

熙宁十年（1077），秦凤路（今甘肃省天水市）宋帅吕大防认为张载的学术承继古代圣贤思想，可以用来复兴古礼、矫正风化，上奏神宗召张载回京任职。此时张载虽患重病在身，仍不愿放弃施行其政治主张和实现政治理想的机会，带病入京。在京担任太常职务时，张载与其他礼官无法一致，十分孤立，加之病重，便辞官返乡。行到临潼，晚宿馆舍，沐浴就寝，翌日晨与世长辞，享年58岁。张载一生，两度京召，三次历外仕，一直著书立说，终生清贫，以致于殁后穷得无以为殓。在长安的学生闻讯赶来，才得以买棺成殓，由学生护枢回乡。

20

程颢、程颐

程颢（1032—1085），字伯淳，号明道，世称明道先生。

程颐（1033—1107），字正叔，号伊川，世称伊川先生。

二程（即程颢、程颐）为北宋理学家、教育家，河南府洛阳人，宋明理学的奠基者，洛学代表人物。其祖先历代仕官，祖籍徽州篁墩，高祖程羽，是宋太祖赵匡胤手下一员将领，后曾为宋真宗老师，官至兵部侍郎，死后赠封少卿。曾祖父程希振，曾任尚书虞部员外郎，祖父程遹，赠开封府仪同三司吏部尚书。父亲程珦，以世家荫庇得以出仕，后连续晋升，官至太中大夫。

宋仁宗明道元年（1032），程颢出生于黄州黄坡县草庙巷（今湖北省武汉市黄坡区）。次年，弟弟程颐出生。兄弟二人自幼深受家学熏陶，在政治思想上受父亲程珦影响，反对王安石新法。对于二程出生，至今当地仍有"双凤送子"的传说。据说程珦夫人侯氏，一天夜里做了个梦，梦中与官人逛花园，走到一梧桐树下，忽见远处两只金凤紧紧搂住，随后惊醒。没过多久，程夫人怀孕，生下长子程颢。隔年，又生下次子程颐。兄弟二人自幼好学，尊崇孔孟，才华出众。

二程十五六岁时，父亲程珦即将二人送至周敦颐处受教。二程自幼熟读圣贤书，后来即使为官任上，也一直潜心于学术，并醉心于教育。因二程兄弟长期讲学于洛阳，随着名气越来越大，弟子也越来越多，逐渐形成了自己的思想体系，世称为"洛学"。二程在哲学上发挥了孟子至周敦颐的心性命理之学，建立了以"天理"为核心的理学体系。二程在学术上所提出的最重要的命题是"万物皆只是一个天理"，从二程开始，"理"或"天理"被作为中国哲学的最高范畴使用，亦即被作为世界的本体，二程的理学主张使其成为理学的主要奠基者。

在人性善恶观点上，二程的人性论祖述思孟学派的性善论，但二程的人性论又在性善论的基础上进一步深化，回答了"性为什么是至善，为什么会产生恶"等一系列问题。二程认为人性有"天命之性"和"气质之性"的区别，"天命之性"是天理在人性中的体现，未受到任何损害和扭曲，因而是至善至纯的；"气质之性"则是气化而成的，受到"气"的侵蚀，产生浊气和恶性，具有恶的因素，恶则表现为人的不加节制的欲望、情感，或称为"人欲""私欲"。"人欲"与"天理"是对立的，二者具有不相容性，"天理"盛则"人欲"灭，"人欲"盛则"天理"衰。二程在经学研究的基础上，提出的天理论哲学，完成了伦理型儒学向哲理型儒学的转变，由此将儒家经典中仁义礼智信等心性修养，将成德成圣、修身、齐家、治国、平天下发展为人生哲学的最高境界。同时，二程吸收佛教思辨的哲学思维模式而为儒学增添了辩证法思想。二程天理学是经学史上之宋代理学发展的主要趋势，确立了理学的道统论。二程成为中国儒学第二次复兴的主要奠基人物。

二程各人思想尽管在本质上是一致的，但在有些学术倾向上还是存在差异的。程颢比程颐更注重个人内心体验，认为万物本属一体，人生的最高境界就是发明本心，自觉达到万物一体，因此，更强调内心静养的修行方法，不大重视外知，后来的陆九渊、王阳明大致沿着这条理路，从而发展为心学；程颐则主张探求事物根本之理，认为人生的根本在于居敬穷理、格物致知，更多地强调由外知而体验内知，后来的朱熹大致沿着程颐的理路发展为纯粹的理学。所谓"程朱理学"，实际上主要指的是程颐和朱熹的理学。

程颢资性过人，修养有道，性格温和，据说友人与他相交数十年都不曾

见他有急厉之形色。嘉祐二年（1057），程颢中举后历任鄠县主簿、上元县主簿、泽州晋城令、太子中允、监察御史、监汝州酒税、镇宁军节度判官、宗宁寺丞等职。他因与王安石政见不合而不受重用，遂潜心于学术和教育，先后在嵩阳、扶沟等地设学堂讲学，论著亦颇为丰富。程颢认为，教育的目的在于培养圣人，使受教育者循天理，仁民而爱物，强调必须以儒家经典为教材，以儒家伦理为教育的基本内容。宋神宗元丰八年（1085），宋哲宗即位，召其为宗正丞，还未成行，便于六月十五日病逝，享年54岁，有《明道先生文集》传世。

程颐自小聪明，14岁便与其兄同时受学于理学创始人周敦颐。皇祐二年（1050），18岁的程颐便上书朝廷，直指宋朝社会危机，并开出救世良方，可宋仁宗未加理会。后来他20岁时在太学一举成名，就开始接纳门生，教授儒学。程颐虽未考中进士，但按旧例，程家世代为官，其父程珦享有荫庇子弟当官的特权，而程颐却每次都把"任恩子"的机会让给本族其他人，长期以"处士"身份潜心于孔孟之道，接收学生，从事讲学活动。元丰五年（1082），太尉文彦博鉴于程颐"著书立言，名重天下，从游之徒，归门甚众"，就在洛阳鸣皋镇的一个小村庄拨了一块土地，专门为他建修一座"伊皋书院"，程颐在此讲学近20年。元丰八年，宋哲宗即位，王安石变法失败，因司马光[①]、吕公著等人推荐，程颐被授为汝州（今河南省临汝县）团练推官、西京洛阳国子监教授等职。次年，程颐应诏入京，受命崇政殿说书，教皇帝读书。他向皇帝提出君子应重视"涵养气质，薰陶德性"，不仅要注重道德修养，还要经常接近品行高尚、勇于当面规劝君主之过失的臣

---

① 司马光（1019—1086），字君实，号迂叟，陕州夏县涑水乡（今山西省夏县）人，世称涑水先生。北宋政治家、史学家、文学家，自称西晋安平献王司马孚之后代。宋神宗时，反对王安石变法，离开朝廷十五年，主持编纂了编年体通史《资治通鉴》。历仕仁宗、英宗、神宗、哲宗四朝，官至尚书左仆射兼门下侍郎。为人温良谦恭、刚正不阿；做事用功，刻苦勤奋。以"日力不足，继之以夜"自诩，堪称儒学教化下的典范。生平著作甚多，主要有《温国文正司马公文集》《稽古录》《涑水记闻》《潜虚》等。

"二程"故里

程门立雪，是汉语的一则成语，出自宋·程颢、程颐《二程全书·遗书十二》："游、杨初见伊川，伊川瞑目而坐，二人侍立，既觉，顾谓曰：'贤辈尚在此乎？曰既晚，且休矣。'及出门，门外之雪深一尺。"

"程门立雪"与"尊师重道"意义相近，均有表示对老师尊重的求学态度，区别在于"程门立雪"强调的是求学的诚恳态度；"尊师重道"强调的是尊敬老师，重视学问。

子。他提出，应让给皇帝讲书的侍讲官坐着讲，以示"尊儒重道之心"。这些，都表现了自孔孟以来，儒家学者不遗余力宣传"圣王之道"和以"帝王之师"自任的本色。程颐由布衣一跃为帝王之师，致使一部分人对他反感，因而受到谏议大夫孔文仲的奏劾，被罢去崇政殿说书一职。绍圣三年（1096），程颐被贬至涪州，遭地方官管制。元符元年（1100），宋徽宗即位，迁程颐至峡州（今河南省三门峡市），短暂恢复他的官职。可是两年后，恢复新法的宋徽宗下令追毁他的全部著作，他又被贬为民。大观元年（1107）九月十七日，程颐病逝于洛阳伊川，享年75岁。其时，洛阳地区凡与他有关系的朋友和门生都不敢来送葬。程颐以义理疏解《易》《诗》《书》《春秋》《论语》《孟子》《大学》《中庸》等8种儒家经典，形成《经说》传世。

21
朱熹

朱熹（1130—1200），字元晦，又字仲晦，号晦庵，晚称晦翁，出生于南剑州尤溪（今福建省尤溪县），祖籍徽州府婺源县（今江西省婺源县）。南宋理学家、思想家、哲学家、教育家，为闽学派代表人物，宋儒学集大成者，被后世尊称为朱子。

宋建炎四年农历九月十五日（1130年10月18日），朱熹出生于尤溪县城水南郑义斋馆舍（今南溪书院），家人为其取乳名沈郎。朱熹出生时，眼角就明显长有七颗黑痣，并且排列如北斗七星状，人们都认为此人将来非同小可。宋绍兴五年（1135），5岁的朱熹始入小学，不久便能读懂《孝经》，并且题字自勉："若不如此，便不成人。"其实，早在朱熹4岁时，一日，父亲朱松①带子闲庭散步，指着天教育他说这是"天"，朱熹问："天之上何物？"父亲一时惊讶无语，这就是盛传的"朱子问天"。

朱松见儿子天资聪颖，便亲自主持儿子的启蒙教育，教授他通读儒学等经典，这样一直到14岁，朱熹于禅、道、楚辞、诗经、兵法几乎无所不学。

---

① 朱松（1097—1143），字乔年，号韦斋，生于徽州婺源，南宋理学家朱熹之父。朱松早年受二程（程颢、程颐）学说的影响，为北宋末较为知名的理学家，是在福建泉州开讲理学第一人，有"闽学开宗"之誉。朱松历任著作郎、吏部郎等职，后因极力反对权相秦桧议和，贬任江西饶州（今江西鄱阳）知州，未至任病逝。

21 朱熹

绍兴十三年（1143），朱松由于反对朝廷对金求和而遭到秦桧党羽的排挤和打压，从此身体每况愈下，是年病逝于建瓯。临终前，朱松把儿子托付给崇安（今福建省武夷山市）五夫好友刘子羽，又拜托五夫的刘屏山、刘白水、胡籍溪等三位学养深厚的朋友代为教育朱熹。刘子羽作为朱熹义父，把他视为己出，在其舍旁筑室安置朱熹一家，名曰紫阳楼。

绍兴十七年（1147），18岁的朱熹在建州乡试中考取贡生，次年，刘白水将女儿刘清四许配给他，这一年，朱熹参加科举，中王佐榜第五甲第九十名，准勅赐同进士出身。绍兴二十一年，朱熹再次入都铨试，授左迪功郎、泉州同安县主簿。但他却无为官之志，不求仕进。彷徨苦恼之余，他决心拜大儒程颢和程颐二传弟子李侗[1]为师，立志儒学。南平李侗见朱熹心正意诚，对他十分器重，把贯通的洛学全盘传授。自此，朱熹不但承袭二程洛学，而且综合了北宋各大家思想，奠定了他一生学说的基础，开始走向更高远的境界。

绍兴三十二年（1162），宋孝宗即位，诏求臣民意见。朱熹应诏上封事，力陈反和主战、反佛崇儒等主张，详陈讲学明理、定计恢复、任贤使能等意见。宋孝宗虽为南宋中兴之主，但无心也无力抗金，遂不采纳抗金主张。隆兴元年（1163）十一月，朝廷任命朱熹为国子监武学博士，他辞职不就，请祠归崇安。乾道五年（1169），朱熹悟到"中和旧说"之非，决心用"敬"和"双修"思想重读二程著作，终于从全新角度独创"中和新说"。由于这次新悟在己丑之春，故又称为"己丑之悟"。"中和新说"的义理要旨是：未发指性，已发指情，而心贯通乎未发已发。也就是说：未发已发不是心与性的区别，而是指心理活动两个方面。"未发"是指思维尚未萌动时的相对静止状态，"已发"是指思维已经萌动之后的运动状态，心始终贯通于未发、已发两个阶段。与旧说相比，"中和新说"的一个最大特征，就是他的工夫论。旧

---

[1] 李侗为程颐的二传弟子，年轻时拜杨时、罗从彦为师，得授《春秋》《中庸》《论语》《孟子》。学成退居山田，隐居40年。

说主张在已发处用功，先察识后涵养，新说则认为无论是未发还是已发，都必须先涵养后察识。这在学术史上具有划时代的意义，标志着朱熹哲学思想逐渐成熟。

宋淳熙二年（1175）正月，好友吕祖谦[①]从浙江东阳来访，讨论二人合著《近思录》之事宜。五月，吕祖谦回浙东，朱熹一路相送，当送至信州鹅湖寺时，吕祖谦建议约陆九龄、陆九渊兄弟相会，讨论朱、陆学说之异同，史称"鹅湖之辩"。学术上，朱熹认为心和理是两个不同的概念，理是本体，心是认识的主体。而二陆主张心和理是一回事，坚持以心来统贯主体与客体。此次学术辩论讲学达十日之久，虽没有达到双方统一思想的目的，但也促使双方都对自己的学术主张进行反省，在中国学术史上留下了极为光彩的一页。

宋淳熙六年（1179）三月，朱熹到任南康军兼内劝农事，适逢大旱，灾害严重，在他积极施行抗灾救荒的各项措施下，灾民得以安生。次年，寻找到白鹿洞书院[②]废址，遂竭力倡导修复。修复后自兼洞主，找图书充实其中，聘请名师讲授。同时，置办学用，供养贫穷学子，订立著名的《白鹿洞书院教规》，是世界教育史上最早的教育制度之一，对教育目的、训练纲目、学习程序及修己治人道理，都作了明确的规定。淳熙八年二月，陆九渊来南康请朱熹为其兄写墓志铭，朱熹趁机请陆子登台讲学，陆九渊取《论语》中

---

① 吕祖谦（1137—1181），字伯恭，婺州（今浙江省金华市）人，人称小东莱先生。南宋理学家、文学家，许国公吕夷简六世孙，员外郎吕大器之子。参与重修《宋徽宗实录》，编纂刊行《皇朝文鉴》。他所创立的"婺学"（又称"金华学派"），是当时最具影响的学派之一，在理学发展史上占有重要地位，与朱熹、张栻齐名，并称"东南三贤"。
② 白鹿洞书院，位于江西省九江市庐山五老峰南麓。"始于唐，盛于宋，沿于明清"，已有1200多年历史。唐贞元元年（785），洛阳人李渤、李涉兄弟隐居庐山，渤养白鹿自娱，人称白鹿先生。唐宝历元年（825），李渤为江州刺史时，在隐居旧址建台，引流植花，号为"白鹿洞"。南唐开元四年（940），李善道、朱弼等人在白鹿书院置田聚徒讲学，称为"庐山国学"，亦称"白鹿国学"，或称"匡山国子监"，与金陵国子监齐名。宋初，扩为书院，与睢阳、石鼓、岳麓并称四大书院。

"君子喻于义，小人喻于利"章节开讲，在场听讲学者至动情处有啜泣而下者，有汗流浃背者。最后朱熹充分肯定陆九渊的学术道德，自谦自己都未曾讲得如此透彻，并将陆九渊讲义刻石经以戒后人。

淳熙九年（1182），朱熹将《大学章句》《中庸章句》《论语集注》《孟子集注》四书合刊，由此，"四书"说法第一次出现。之后，朱熹仍不断修改《四书集注》，他把"四书"定为士子修身成仁的准则，《四书集注》构成了朱熹的完整理学思想体系，从元朝至明清，《四书集注》遂长期为历代封建王朝所引为治国之本，作为人们的思想行为规范，成为封建科举的标准教科书。朱熹开启了中国儒学第二次复兴。

绍熙四年（1193），朱熹临危受命，除知潭州、荆湖南路安抚，赐紫章服。翌年五月到任后，兴学校，广教化，督吏治，敦民风，改建、扩建位于湖南长沙岳麓山下的岳麓书院，经常亲自到此讲课，使岳麓书院成为南宋四大书院之一。同年八月，朱熹除焕章阁待制兼侍讲，迎来作为儒家最高追求目标的实现，成为帝王师。九月，朱熹趁在行宫便殿奏事之便，向宋宁宗上书，第一札要宋宁宗正心诚意，第二札要宋宁宗读经穷理，第三、四、五札论地方政事。十月，朱熹奉诏讲《大学》，反复强调"格物、致知、诚意、正心、修身、齐家、治国、平天下"八目，希望通过匡正君德来限制君权滥用，引起皇帝和执宰韩侂（tuō）胄的不满，在朝短短46日后，被宋宁宗内批罢去待制兼侍讲之职。

庆元二年（1196）十二月，"庆元党禁"正式发出。韩侂胄指示监察御史沈继祖用捏造手法奏劾朱熹"十大罪状"，朝廷权贵对理学掀起了一场史无前例的残酷打击，效法北宋"元祐党禁"的伎俩，开列了一份长达五十九人的伪逆党籍，朱熹被斥为"伪学魁首"，位列黑名单第五位，有人提出"斩朱熹以绝伪学"。从此，朱熹门人学生被流放、被害坐牢的不计其数，"朱学"遭到严重打击。

庆元六年（1200）入春之后，朱熹病情恶化，生命垂危，左眼全瞎，右眼几乎失明，但他却以更旺盛的精力加紧整理残篇，愿望是要将自己生平的

所有著作全部完稿，使道统后继有人。三月初九，71岁的朱熹在腥风血雨的"庆元党禁"运动中去世。然而，即使在反道学的当权者要求当地守臣约束的情况下，参加会葬者仍有近千人。

朱熹的哲学体系以程颢、程颐兄弟的理本论为基础，同时吸取周敦颐太极说、张载的气本说以及佛教、道教的思想而形成，这一体系的核心范畴是"理"，或称"道""太极"。在知行关系上，朱熹主张"知先行后"，他的知行观，是指儒家的个人道德修养和实践，"知先"而后"行重"。在人性问题上，朱熹直接继承了张载和二程的思想，全面论证了"天命之性"和"气质之性"的人性二元论，认为人性的善恶是禀气不同所造成的，有善有恶二性并存于人身。

朱熹《朱子家训》

君之所贵者，仁也。臣之所贵者，忠也。父之所贵者，慈也。子之所贵者，孝也。兄之所贵者，友也。弟之所贵者，恭也。夫之所贵者，和也。妇之所贵者，柔也。事师长贵乎礼也，交朋友贵乎信也。

见老者，敬之；见幼者，爱之。有德者，年虽下于我，我必尊之；不肖者，年虽高于我，我必远之。慎勿谈人之短，切莫矜己之长。仇者以义解之，怨者以直报之，随所遇而安之。人有小过，含容而忍之；人有大过，以理而谕之。勿以善小而不为，勿以恶小而为之。人有恶，则掩之；人有善，则扬之。

处世无私仇，治家无私法。勿损人而利己，勿妒贤而嫉能。勿称忿而报横逆，勿非礼而害物命。见不义之财勿取，遇合理之事则从。诗书不可不读，礼义不可不知。子孙不可不教，童仆不可不恤。斯文不可不敬，患难不可不扶。守我之分者，礼也；听我之命者，天也。人能如是，天必相之。此乃日用常行之道，若衣服之于身体，饮食之于口腹，不可一日无也，可不慎哉！

录自《紫阳朱氏宗谱》

22 张栻

张栻（1133—1180），字敬夫，又字乐斋，号南轩，人称南轩先生。南宋汉州绵竹（今四川省绵竹市）人，教育家、思想家。

张栻出生在一个官宦世家。其一世祖张九皋，是唐朝宰相张九龄之弟，曾任唐朝岭南节度使，由韶州曲江（今广东省韶关市曲江区）迁入长安。八世祖张璘，曾任国子祭酒，随唐僖宗入蜀。十世祖张文矩，封沂国公，即为张栻高祖。曾祖张弦，封冀国公，至和元年（1054）知雷州。祖张咸，封雍国公，任宣德郎、金书剑南西川节度判官。父张浚为当朝右相。传至张栻为十四代。

南宋高宗绍兴三年（1133），张栻出生于四川阆中，6岁时随父张浚至永州（今湖南省永州市零陵区）。张栻从小受到父亲教授孔子儒家忠孝仁义的教育。张栻14岁时，随父至连州（今广东省连州市）居住，从父学习《周易》。

绍兴二十九年（1159），张栻27岁时辑录了孔子弟子颜渊（即颜回）的言行作《希颜录》上下篇，以颜渊为楷模，致知力行，求孔子之道。当他听

说五峰先生胡宏[①]在衡山传程颢、程颐之学，于是开始写信求教，希望得到解惑。张栻于绍兴三十一年（1161）正式前往衡山拜胡宏为师，求河南二程"洛学"，可惜不久胡宏即去世。张栻拜胡宏为师的时间虽短，但胡宏对张栻理学思想的形成起了重要作用。

张栻39岁随父居潭州（今湖南省长沙市），开始在城南妙高峰筑城南书院，收徒讲学。乾道二年（1166），刘珙在镇压郴州李金起义后，即在潭州重修岳麓书院。刘珙对张栻的学问一向敬佩，请张栻主教岳麓书院，从此，他开始频繁来往于湘江两岸的城南、岳麓两书院讲学授徒，传道授业。书院办学的宗旨是宣传理学的思想、反对功名利禄之学，并在继承胡宏学统的同时，开展学术交流和探讨，从而形成和确立了具有自己学术特点的湖湘学派。之后，张栻的办学规模已远远超过当年胡宏主持的碧泉书院，湖湘学派的重心就从衡山转移到了长沙。南宋时期，湖南文化发展以及人才之盛，与张栻讲学于岳麓、城南两书院是分不开的。明末清初巨儒黄宗羲评价："湖南一派，在当时为最盛。"这年，张栻所著《诸葛忠武侯传》完成。

乾道三年（1167），著名理学家、闽学代表人物朱熹闻张栻得衡山胡宏之学，在弟子范念德、林用中陪同下从崇安来到长沙，受到张栻热情款待。朱熹、张栻一起讨论了《中庸》中已发、未发和察识、涵养之序以及太极、仁等理学重大理论问题，并且相互展开了激烈的争论，史称"潭州嘉会"。这是宋代理学中以朱熹为代表的闽学和以张栻为代表的湖湘学术观点的辩论，两人的辩学和相互影响，开创了书院自由讲学的新风，对于加强各学派之间的学术交流，促进学术思想的发展起到了重要作用。此次张栻、朱熹的"潭州嘉会"共两个月，两人一起讲学于城南、岳麓两书院，附近学者闻风而至，听者甚众，一时盛况空前，成为岳麓书院史上大事。这年，张栻的

---

① 胡宏（1102—1161），字仁仲，号五峰，人称五峰先生，崇安（今福建省武夷山市）人。北宋著名经学家、理学家、政治家，胡安国之子。湖湘学派奠基者之一。幼时从师杨时、侯仲良。主要著作有《知言》《皇王大纪》和《易外传》等。

《经世纪年》完成。

乾道八年（1172），刘珙复知潭州，再次整修了岳麓书院，张栻撰写了《岳麓书院记》，简述书院历史，奠定了岳麓书院的办学方针和指导思想：其一，明确提出办学不是为了科举，不能"为决科利禄计"；其二，提出亦非"使子习为言语文辞之工"，意即反对书院以缀辑文辞为教，而应注重学生的操行培养；其三，提出办学的根本目的是"以传道而济斯民"，书院要为社会培养经国济世的人才。

张栻理学上继承了二程的理本体思想，推崇周敦颐《太极图说》，提出"天、性、心三者，名异实同，皆同体于理，天下万物皆生于理，理是万物赖以生存的根据"。他说："事事物物皆有所以然，其所以然者，天之理也。"他以太极为理，太极变化便产生阴阳二气，二气交感便有万物化生。但不同的是，张栻比程、朱更突出心的地位，使心具有本体性质，他说："心也者，贯万事统万理，而为万物之主宰者也。"也就是说心是万物主宰，是万理统摄，这便由同体于理，发展到心直接为本体。张栻把"心"和"仁"说成是二而一的范畴，对程颢《识仁篇》进行了进一步阐发。他认为只要能扩充发挥心的作用，就可以与天地同德。这样，主观的"心"就和"天理"相一致了。他也通过对孔子"克己复礼为仁"的阐发，说明了"仁"是"人心"的体现，其实质就是天理。他是通过"仁"这个中间环节，把"人心"和"天理"融为一体的。张栻以性善论为基础，从二程"格物致知说"出发，提出"穷理在于居敬，居敬在于存心"。他认为，人的本然之性是纯粹至善的，只是气禀和习染的原因，才产生贼害仁义的异端。应该说，其学术上虽承二程，但还是有别于程朱并且又异于陆学。

张栻一生以书院讲学为己任，对从政兴趣寡淡。南宋孝宗隆兴元年（1163）时以荫补官，得以面见孝宗进言，开始从政。乾道五年（1169），又由刘珙举荐而除知严州（今浙江省建德市）。张栻之后奉旨召为吏部员外郎兼起居郎，再后又兼侍讲，除左司员外郎，他在还朝不到一年的时间里，被孝宗召对达六七次之多，使得宰相虞允文及其他孝宗周围近臣不悦，遂被排斥离朝。乾道七年（1171），张栻出知袁州（今江西省宜春市），年冬即归长沙故居，继续讲学。

南宋孝宗淳熙元年（1174），张栻又被皇帝想起，派知静江府（今广西省桂林市）经略安抚广南西路。张栻到任后，精简州兵，严令各酋长不得相互虏掠，仇杀生事，顿时广西境内太平，孝宗得知张栻治理静江有方，下诏改知江陵府（今湖北省江陵县），安抚本路。淳熙七年，朝廷诏张栻以右文殿修撰提举武夷山冲佑观。可是诏书还未到，张栻即于二月二日病卒于江陵府舍，终年48岁。

张栻的名句

1. 律回岁晚冰霜少，春到人间草木知。——《立春偶成》

2. 却下斜坡并柳堤，双飞燕子正衔泥。——《次韵许深父·其三》

3. 迟日照高岭，新雷惊蛰龙。——《寒食前三日野步乌龙山中石上往往多新芽手撷》

4. 漠漠漓江上，匆匆送客情。——《送外弟宇文挺臣二首·其一》

5. 人言桂林好，颇复类中州。——《送甘甥可大从定叟弟之桂林》

6. 互出新诗殊未艾，长城尚许短兵攻。——《再和》

7. 玉立春深雪不如，生香透骨雪应无。——《昨过漕台庭前荼醿盛开已而詹体仁海棠和章及》

23 陆九渊

陆九渊（1139—1193），字子静，抚州金溪（今江西省金溪县）人。南宋哲学家，陆王心学开创者，因书斋名"存"，世称存斋先生，又因讲学于象山书院（位于今江西省贵溪市），被称为象山先生，学者常称其为陆象山。

绍兴九年二月乙亥（1139年3月26日）辰时，陆九渊出生于一个九世同居的封建世家，八世祖陆希声曾在唐昭宗时任宰相，五代末因避战乱迁居金溪，定居买田，经过几代经营，富甲一方，成为金溪地方上豪门大族。后又经几代变迁，到陆九渊出生时，家境逐渐败落，只有几亩菜田、一间药铺和一处塾馆。即使至此，陆家仍保有宗族大家风范，良好的家风被乡人尊崇，闻名乡里，甚至得到宋孝宗称赞。陆九渊出生时，其父因为儿子多（兄弟6人），打算将其送外人收养。长兄陆九思孝顺，因其妻子刚好生有儿子，即令其妻抚育小弟，而却将自己的儿子给外人抚养。

陆九渊自幼聪颖好学，喜欢刨根问底，并提出自己的见解，在陆氏家学的熏陶下苦壮成长。三四岁时，一日他忽问父亲："天地何所穷际？"父亲愕然，只笑而不答，陆九渊则日夜苦思冥想。到了童年，他的举止与一般的孩子就不一样，见到他的人都不敢怠慢他。长大后读到"宇宙"二字，便悟天地宇宙之奥妙。后初读《论语》，即对有子①的话感到怀疑。至13岁时，他便有了"夫子之言简易，有子之言支离"的读书心得。

乾道七年（1171）秋，33岁的陆九渊以《易经》为主试内容参加科举。次年春，陆九渊赴临安参加礼部省试，因《易》《论》《策》三卷得到考官吕祖谦的"文意俱高"的赞赏，吕祖谦对赵汝愚、尤袤二人谆谆叮嘱："最有学问的卷子必定出自江西陆子静，断不可错失人才。"陆九渊中进士后，便陆续有附近学子前来拜访。同年七月，陆九渊回到家乡金溪，把故居的东偏房槐堂辟为讲堂，正式授徒讲学，教授远近乡里慕名而来的求学问道之士。一直至淳熙九年（1182），陆九渊除几次短暂的外出外，大部分时间都在槐堂教书育人，期间朝廷派任隆兴府靖安（今江西省靖安县）主簿、建宁府崇安（今福建省崇安县）主簿，都未上任。

淳熙九年秋，由于侍从官的再次推荐，陆九渊被授予国子正，于是他第二次来到行都临安，开始自己新的讲学和政治生涯。陆九渊对当时山河半落，朝廷偏隅临安痛心不已。陆九渊首讲《春秋》六章，即以鲁宣公八年（前601）"楚人灭舒蓼"为题，开宗明义地说明个人的华夷观点："华夏夷狄不可同日而语，中国贵而夷狄贱。"借此鼓励学生的爱国情感，以图激发收复失地和抗金的热情。次年，陆九渊又三次登上国学讲台，共讲了《春秋》十八章，进一步阐明"礼义"观点。他认为，古代圣人制定各种礼乐、刑罚等制度，是为了维护天子为尊的道德秩序，维护尊卑有序的等级制度，维护"礼义之邦"的伦理传统。

淳熙十一年（1184），陆九渊迎来面见宋孝宗奏对机会。陆九渊自少年时便读三国、六朝史，感叹当时夷狄乱华，后又听长辈讲靖康之耻，一直有复"二帝"之仇、恢复中原的远大抱负。此时恰逢有机会面对自己认为的"明主"孝宗，于是将自己的理想和对朝廷的政论见解向孝宗奏札五篇。第

---

① 有子（前508年或前518年—？），有氏，名若，字子有，世称"有子"，孔子弟子，孔门七十二贤之一，被尊为儒学圣贤。

23 陆九渊

一札讲君臣相处之道，第二札讲为政要有求道之志，第三札专论知人而用，第四札陈施政之法、治事之度，第五札论述为君之道。这次奏对在朝廷产生了很大影响，之后，陆九渊迁承奉郎。淳熙十三年，陆九渊在朝中提出：任贤、使能、赏功、罚罪是医国"四君子汤"，得到孝宗赞许。十月，陆九渊因给事中王信等排挤离开临安，结束了在朝廷的政治生涯，于是回归江西象山书院讲学，汇集四方学者，"名望已高，每开讲席，学者群集""户外履满，耆老扶杖观听"，为当时一大奇观。

陆九渊一生的辉煌在于创立学派，热心讲学授徒，从事传道授业活动，受到教育的学生多达数千人，弟子遍布江西、浙江两地。在长期的讲学实践中，陆九渊形成了一套独特的教育思想理论，他认为教育对人的发展具有存心、养心、求放心和去蒙蔽、明天理的作用。其主张与其他书院截然不同，他不立学规，通过特别的教学方法与学生互动交流，直指学生的内心，重视学生心灵的培养，让其自己去感悟世界、认识世界。

陆九渊是宋明两代"心学"的开山鼻祖，他主张"吾心即是宇宙""明心见性""心即是理"，重视持敬的内省工夫。他受孟子思想的启发较大，哲学思想接近程颢，偏重在心性的修养。陆九渊理学的立论贡献在于：用"先立乎其大""心之官则思"，以及"求放心"等命题，来阐发二程理学中"心性"的层面，从而与其道德践履的思想趋于逻辑上的统一。陆九渊认为，"心"不是个性之心，而是共性之心，即"我之心""吾友之心"与"圣人之心"都是相通的。"东海有圣人出焉，此心同也，此理同也。西海有圣人出焉，此心同也，此理同也。千百世之下有圣人出焉，此心同也，此理同也。"（《象山先生行状》）陆九渊"心即是理"的命题并不是说心产生理，而是说心与理是同一或合一的。这种心与理同一或合一的观点，正是对传统儒家天人合一思想的继承和发展。陆九渊说："四方上下曰宇，往古来今曰宙。宇宙便是吾心，吾心即是宇宙。"又说："圣人之道洋洋乎发育万物，峻极于天，优优大哉，天之所以为天者是道也，故曰唯天为大。天降衷于人，人受中以生，是道固在人矣。"孟子说："尽其心者知其性，知其性则知天矣。"董仲舒说："以类合之，天人一也。"二程说："天人本无二，不必言合。"陆九渊继承"天人合一"思想，使社会统治秩序和伦理规范具有"天"一样的神圣性，从而使人屈从于天，以人合于天。

陆九渊的学说独树一帜，与当时以朱熹为代表的理学相抗衡。同是理学家，陆氏心学与朱氏理学在争辩中形成各自的特色。他们二人的两次会讲在当时都产生了巨大的影响。第一次是在淳熙二年（1175）的"鹅湖之辩"（鹅湖之辩旧地在今江西省铅山县的鹅湖寺），朱熹主张先博览而后归之约，认为陆九渊的学道之法太简易，易落入禅学；陆九渊主张先发明本心而后使之博览，认为朱熹学道方法易陷入支离，从而无法找到道德价值的真正渊源，此次会讲也称"鹅湖之会"；第二次是在淳熙八年的"义利之辨"，朱熹请陆九渊在白鹿洞书院讲学，陆九渊讲"君子喻于义，小人喻于利"，朱熹认为此讲切中学者隐微深固之疾，邀弟子共守勿忘，并刻石经警示后人，世称"南康之会"。

绍熙四年（1193）十二月，陆九渊对亲近之人说："先父教育我们兄弟要心怀天下，没想到抱负得不到施展就要离开人世了。"又对家人说："我将死矣。"还对僚臣说："我将告终。"适逢百姓纷纷祈祷下雪，第二天，大雪果然飘下。十二月十四日，陆九渊沐浴更衣端坐，安然去世，享年54岁。出殡时，送葬者多达数千人，家人将其归葬于金溪青田。

陆九渊经典语录

1. 铢铢而称之，至石必谬；寸寸而度之，至丈必差。——《语录上》
2. 为学患无疑，疑则有进。——《语录下》
3. 读书切戒在慌忙，涵泳工夫兴味长。——《读书》
4. 天下有不易之理，是理有无穷之变。——《易数》
5. 人之不可以不学，犹鱼之不可以无水。——《与黄循中》
6. 人之生也本直，岂不快哉，岂不乐哉！——《与包敏道·二》

24
薛瑄

薛瑄（1389—1464），字德温，号敬轩。河东河津（今山西省运城市万荣县）人。明代著名思想家、理学家、文学家，河东学派的创始人，世称薛河东。

薛瑄出生于教育世家。祖父薛仲义，精通经史儒学，时值元末战乱之际，他不愿科举出仕做官，因此在家乡教书为生。父亲薛贞，于洪武十七年（1384）中举，历任河北元氏、河南荥阳、河北玉田、河南鄢陵等地的儒学教谕，时长达三十余年，这也为薛瑄创造了很好的学习环境。薛瑄生性聪颖，6岁便能背诵《小学》《四书》，11岁就会写诗作赋。永乐元年（1403），以"青山不老雪白头"对河南布政司参政陈宗的"绿水无忧风皱面"而使人称奇。

青年时期的薛瑄专心攻读宋明理学，经常一有空闲便抄录《性理大全》[①]

[①] 《性理大全》是明朝胡广等人于永乐十三年（1415）奉成祖之命编撰的宋儒性理学说汇编。"性理"出自朱子门人陈淳所撰《性理字义》，共七十卷，杂抄宋儒之说共一百二十家。前二十六卷，有《太极图说》《通书》《西铭》《正蒙》《皇极经世》《易学启蒙》《家礼》《律吕新书》《洪范皇极内篇》九种；第二十七卷以下，分门编纂理气、鬼神、性理、道统、圣贤、诸儒、学、诸子、历代、君道、治道、诗、文十三类。书成后，与《四书五经大全》同颁于两京、六部、国子监及国门府州县学。因其庞杂无绪，清朝康熙皇帝命李光地等"撷其精华"，节编《性理精义》十二卷。

儒士风雅
——中华文化传承的力量

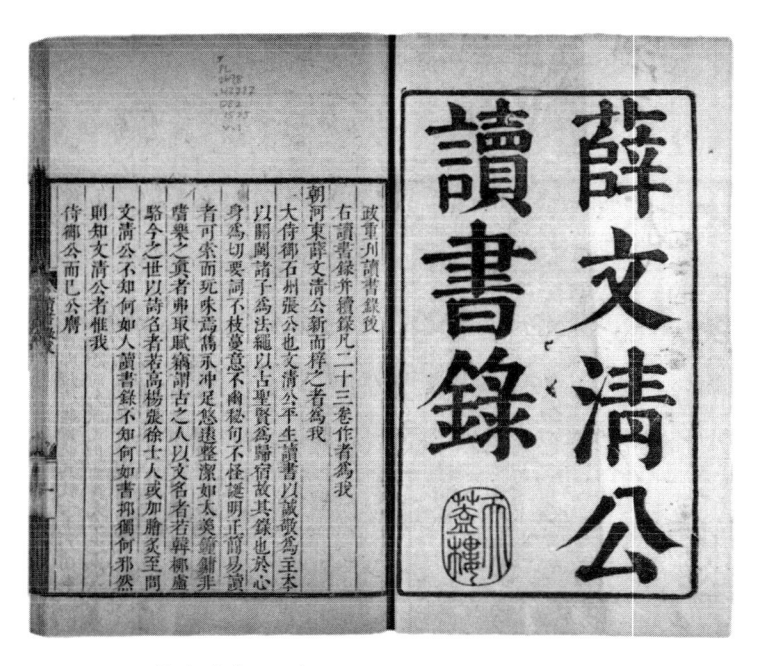

薛瑄《读书录》（明.薛瑄撰.明嘉靖四年刊本）

并认真诵读，还经常冒着严寒酷暑，秉烛苦读，一旦有心得，便立即记载。后集成《读书录》和《读书续录》共二十三卷，成为薛瑄在理学方面重要论著。永乐十七年（1419），薛瑄对科举学问仍不感兴趣，而是热衷于求学，范围遍及子史百家、天文地理。可是，当时规定，凡教谕所在县如长期无人能考上举人、贡生时，就要将其县教谕充发到边远地区服役。薛瑄出于无奈，只得听从父命，参加河南乡试，遂考中庚子头名解元，翌年，又赴京师参加全国会试，登甲榜赐进士及第，从此开始从政生涯。

宣德三年（1428），明宣宗拟重整风纪，薛瑄在内阁首辅杨士奇的举荐下，被任命为广东道监察御史，并监湖广银场，下辖湘西十余县二十多处银矿，有民夫五十余万人。他流动驻于沅州、辰溪、泸溪等处，从而流动往复巡视，明察暗访，承办要案，在任三年，未回家一次，终于使银场秩序井

然，民众夸赞不已。正统六年（1441），薛瑄就任大理寺少卿，参与刑狱案件审理，上任后尽心尽职，昭冤平反，仅四个多月就办完在锦衣卫时期发生的十多起冤狱案。之后，他却遭把持朝政的司礼太监王振诬陷，定为死罪，下锦衣卫狱。薛瑄蒙冤，震动朝野，而他却泰然自若，狱中仍持《周易》专心致志诵读。在众官的一再申救下，薛瑄免于死罪，被削职为民，放归故里。而在时过八年后，正统十四年，这一冤案才得以平反。

景泰元年（1450），复官不久的薛瑄协助巡抚佥都御史李匡平息川西苗彝作乱。前往四川时，他发现作乱主要由当地贪官残酷剥削压榨百姓所致，于是便在平息作乱后向朝廷奏本减少贡赋，以便体恤民生，安息百姓，但朝廷对此置之不理。于是，薛瑄一气之下，辞官还乡。

天顺元年（1457）春，年已69岁的薛瑄忽然又得朝廷重用，被任命为礼部左侍郎兼翰林院大学士，入内阁参与机务。在此期间，每有机会，他便坦诚直言，献计献策，劝君王行王道、重贤才、用群策。不久，他发现明英宗皇帝平庸无能，不听忠臣谏言，屈杀贤臣，且玩物丧志，从此对朝廷心生厌烦，毫无信心，遂以老病为由辞官离开京城，自此安心弘扬所推崇的儒学思想，聚众讲学。

薛瑄推崇程朱理学，在思想上总体同程朱理学一脉相承，但又非简单延续，而且又有完善和发展。与朱熹的"理在气先"和"理、气决是二物"的理气观不同，他明确提出"理在气中，以气为本"新观点。他说："理与气无间亦无息。"他坚持气是构成宇宙万事万物最原始的物质本体，他在"理无穷，故圣人立言亦无穷"的思想指导下，提出了具有唯物主义思想倾向的观点，对明中叶兴起的理学唯物主义思潮起到了首倡和先导作用。另外，"复性"之说也是薛瑄理学思想主要内容。对"性"的本源，他与朱熹持不同观点，朱熹认为"性"是天赋的，先天性的；而薛瑄则认为"性"是"理"，主要形成于后天。朱熹认为"复性"就是要恢复人的本然之善的天性，而薛瑄认为"复性"就是要按理而视、听、言、动。应该说，薛瑄的"复性"说是对朱熹"复性"说的修正和完善。在工夫论上，薛瑄重视朱子四书为学浅深次第和循序渐修之法，主张居敬穷理、静存动察。他强调，儒者工夫不在高妙外求，而全在自得为己，人之一身百体依本然善性在人伦日用间自然发用即是对天理流行的一以贯之，在此切己践履过程中即可融通圆熟，豁然有觉。薛瑄认为，儒家义理至程朱理学已臻于完善，理辨旨明，无须再执着于义理的构建，而应回归孔孟儒学的原初宗旨，面向主体生命与现实世界，这一态度决定了薛瑄哲学躬行践履、偏重下学以及内向澄澈、专精性命的方面，形成了薛瑄笃实严毅的为人风貌和光明俊伟的生命气象，成就了一代"醇儒"和"实践之儒"。

薛瑄通过长期聚徒讲学，形成了自己的思想体系，培养了大批学者，创立了著称于史的河东学派。其后，门徒遍及山西、河南、关陇一带，蔚为大宗。清人视薛学为朱学传宗，称之为"明初理学之冠""开明代道学之基"，可见其影响之大。可以说，关学自张载卒后而归于沉寂，至明初薛瑄开始，将张载关学与自己学脉融合，发明躬行践履之学，以鲜明笃实的学风深刻影响着明代理学。事实上，薛瑄设教授徒活动，从而也开启了明代讲学之风，河东派弟子及后学也通过讲学交游活动弘扬河东之学，尤其每每与关中学子往来授受、互相发明、讲论切磋，这一过程既促进了河东派与明代关中之学互动与融合，也在很大程度上影响了明代关学的复苏与中兴。

天顺八年（1464）六月十五日，薛瑄忽觉身体不适，遂将所写文稿整理一番，之后伏案写诗："土炕羊褥纸屏风，睡觉东窗日影红。七十六年无一事，此心唯觉性天通。"通字尚未写完，便与世长辞。

25 陈献章

陈献章（1428—1500），字公甫，别号石斋，广东广州府新会县白沙里（今广东省江门市蓬江区）人，故又称白沙先生，世称陈白沙。明代著名思想家、哲学家、教育家、书法家、诗人、古琴家，是明代心学的奠基人，被后世尊称为"圣代真儒""圣道南宗"。

陈献章父亲早逝，母亲林氏独自将遗腹子抚养成人。特殊的家庭环境，使陈献章从小就乖巧懂事且勤奋好学。明正统十二年（1447），陈献章参加乡试中举。第二年，他进京参加礼部会试，没有进入殿试，中副榜，遂入国子监读书。景泰二年（1451），再次参加礼部会试，又落榜。陈献章对学问的追求锲而不舍，当他听说抚州临川郡有位著名学者吴与弼[①]先生，不但学识高深，读透了朱熹编辑的《伊洛渊源录》，还精究宋明理学

[①] 吴与弼（1391—1469），初名梦祥，字子傅，号康斋，抚州府崇仁县（今江西省抚州市崇仁县）人。明朝学者、理学家、教育家、诗人，是崇仁学派的创立者。早年师从太子洗马杨溥，精研四书五经。一生不应科举，讲学家乡，屡荐不出。清代学者黄宗羲的《明儒学案》中，将《崇仁学案》位列第一，显示了吴与弼在明代学术思想界的重要地位。作为心学开山之人，吴与弼创立"崇仁学派"，及后开的"江门之学""余干学派""江右王门之学"是推动中国文化教育第二次下移的开端，为中国思想史做出了突出贡献。

源流，明圣人之道，复孔孟之传，于是他长途跋涉，翻山越岭，终于找到那位屡荐不出仕而在家讲学的吴与弼先生。

吴与弼治学严谨，要求学生必须专心一致，不得精神涣散。陈献章对先生要求的"静时修养，动时省察"的学习方法很受启发，得益良多。第二年，陈献章拜辞先生回归江门白沙村，于小庐山麓之南筑成书舍，题名"春阳台"，从此一心隐居苦读，甚至足不出户。为了减少干扰，他在墙壁上凿个洞，饮食、衣服皆由此洞进出。经过十年苦读经典著作，探讨思考先人哲理，静坐冥思，以及舍繁就简，他的学问突飞猛进。明成化元年（1465）春，陈献章决定在春阳台设馆教学。

明成化三年（1467），陈献章听取朋友劝告，决定再上京师复游太学，准备考取功名，整顿朝纲，为社稷出力。时年40岁的陈献章抵京不久，以《和杨龟山此日不再得韵》诗而名振京城，祭酒邢让惊为"真儒复出"。邢让向吏部尚书卫翱推荐陈献章到吏部当司吏。然而在等级森严的社会体系中，才华出众的他仍得不到重用，陈献章接到的任职不过是日捧案牍、抄缮校核、封发递送的下级小吏，这是陈献章的首任官职，也是他一生到任的唯一官职。成化五年，42岁的陈献章再次参加会试，却再次落榜。陈献章放怀一笑，决心南归江门。从此，他决心不走科举之路，一心研究哲理，全心教授后学，四方学者纷纷慕名前来入学受教。陈献章设教十余年，许多学生得益于教诲而成为朝廷栋梁之材，"江门学派"亦自此形成。晚年他逍遥于自然，屡荐不仕，养浩然自得之性，心学思想体系也日臻完成，提出了"天地我立，万化我出，宇宙在我"的心学原理和"静坐中养出端倪"的心学方法。这个心学法门，是一个以"静坐"为主，以"读古人书"为辅的修养方法，也是认知的途径和方式。其宗旨是要通过"涵养至极""胸次澄彻"，而能"见于一动一静之间"即于道求得相吻合。这一"主静"方式，应直接出于周、程，宋代周敦颐、程颢本身也继承了先前的道家思想及佛家思想。因此，陈献章"主静"之心学，可追溯于佛道。也有人认为，其路径与孟子的"尽心—知性—知天"相一致。二者都以"天道""人道"为理论的基点，同

样又以"反身"为认识和修养的途径,以达到"天人合一""道心合一"的认识和修养的最高境界。

陈献章思想学说的创立,打破了程朱理学原有的理论格局,使明代的学术开始了新的阶段。他创立的"江门学派",为岭南理学新派构建了"为学当求诸心"的"心学法门"思想体系。"为学当求诸心"是反省内求的心学方法,也注重"徐取古人紧要文字读之"的向外求索方法,这是一种内外结合的方法,是在程朱理学与陆九渊心学为学方法的基础上提出来的,是陈献章自创心学之法门。陈献章主张心对于理、事、形始终处于主导地位而具有核心价值,认为天地万事万物因心而存在。陈献章学说高扬"宇宙在我"的主体自我价值,突出个人在天地万事万物中的存在意义,对整个明代人文精神的取向产生了深刻影响。陈献章学说在明中叶的导向作用,还体现在强调不假外力、反求诸心的修养方法,对人的自我主张意识高度肯定,从而对程朱理学所倡导的"收敛身心",压抑人的欲望和意志去屈从天理,进行了大胆的挑战。陈献章的理想人格,要"内圣"而不求"外王",虽"入世进取",却又向往与追求"洒脱自如",要人顺乎自然,随遇而安。他融儒、释、道于一炉,创立一种"以本为虚、以形为实、实为虚舍、虚寓于实、虚实参半"的哲学体系,提出了新的立论模式。他上宗周濂溪之学,又集理学诸家之长,却又有别于正统理学而自立门户。

在教育上,陈献章提了著名的"贵疑论",他认为,"学贵知疑,小疑则小进,大疑则大进"。他的教学方法亦与众不同:一、先静坐,后读书;二、多自学,少灌输;三、勤思考,取精义;四、重疑问,求真知;五、诗引教,哲入诗。陈献章居乡几十年,设馆授徒,来者不论身世,一概不拒。他遵循先师孔子"有教无类、因材施教"的遗训,注重教学方法,是一位成绩卓著的出色教育家。陈献章倡导"自得之学"。在他看来,"自得"的过程,是求学的过程、作圣的过程,是人的学问、修养、境界日积月累不断进步和提高的过程,是人的认识由量的积累到质的飞跃的过程。

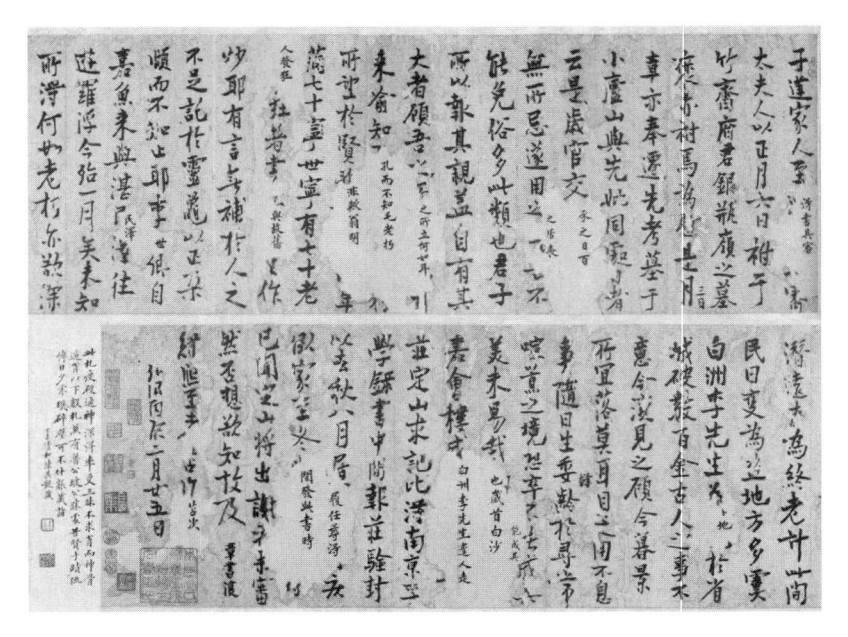

陈献章手札卷（故宫博物院藏）

明弘治十三年（1500），陈献章病逝，其心学后有湛若水①完善，王阳明集大成。

---

① 湛若水（1466—1560），字元明，号甘泉，广东广州府增城县甘泉都（今广东省广州市增城区新塘镇）人，明代著名的思想家、哲学家、政治家、教育家、书法家。湛若水赴新会县拜陈献章为师，由于得到严师的耳提面命，学识大为长进，深得陈的赏识，因而成为白沙学说的衣钵传人。湛若水在继承陈献章学说的基础上，以"随处体认天理"为宗，提出"格物为体认天理"与"为学先须认仁，仁与天地万物为一体"的理念，创立了"甘泉学派"，与王阳明的"阳明学"被时人并称为"王湛之学"。湛若水在全国各地创办书院近40所，弟子多达数千人，遍布大江南北，促进了明代心学的发展与繁荣。湛若水的主要门生有吕怀、洪觉山、唐枢、何迁、蒋信、郭棐、冯从吾等。湛若水在广东境内广设书院扶持后学，有力地推动了岭南文化的发展进程。著有《二礼经传测》《春秋正传》《古乐经传》《圣学格物通》《心性图说》《白沙诗教解注》等，有《甘泉集》传世。

26
王阳明

王阳明（1472—1529），本名王云，后改名王守仁，字伯安，号阳明，世称阳明先生。浙江余姚人，明代著名思想家、文学家、军事家、教育家。

明宪宗成化八年（1472），王阳明出生于浙江余姚一个显赫的家庭，父亲王华于成化十七年（1481）状元及第，之后官至南京吏部尚书。传说王阳明由母亲怀孕十四个月才分娩，而在他诞生之前，祖母梦见天神抱一赤子踏云从天而降，祖父非常疼爱此孙儿，为他取名为"云"，并给他居住的地方起名为"瑞云楼"。王阳明长至5岁时仍不会开口说话，祖父根据《论语·卫灵公》所说"知及之，仁不能守之，虽得之，必失之"，而为他改名为"守仁"，随后才开口说话。后来王阳明随父亲举家移居绍兴。良好的家世为王阳明提供了非常优越的学习环境。

王阳明12岁就读师塾。有一天他一本正经问先生："何谓第一等事？"这相当于在问人生的终极价值。老师有些愕然，但还是回答说："第一等事是读书获取科举名第。"王阳明反对说："第一等事恐怕不是读书登第，而应该是读书学做圣贤。"他15岁时屡次上书皇帝，献策朝廷，但终未有结果。同年，王阳明出游居庸关、山海关一月之久，纵观塞外，生起经略四方之志。弘治元年（1488），17岁的王阳明到南昌与江西布政司参议诸养和之女诸氏成婚，可在结婚当天同遇见的道士一起打坐请教而忘了时间，直到第二天岳

父才把他找到。

弘治二年（1489），王阳明与夫人诸氏一同返余姚，船过广信时，王阳明因仰慕娄谅①之名而拜谒。娄谅向他讲授"格物致知"之学。之后，他遍读朱熹著作，思考宋儒"物有表里精粗，一草一木皆具至理"的学说。为了实践"格物致知"学说，格竹七天七夜无所收获而病倒，遂对格物学说产生极大的怀疑。

弘治五年（1492），王阳明参加浙江乡试中举，其后，学业更是大有长进，但他也越来越痴迷军事，并学习射箭。22岁时，王阳明参加会试落榜。25岁再次参加科举，也再次落第。他的状元父亲王华开导他说："此次不中，下次努力必定能中。"但他却说："你们以不登第为耻，我以不登第却为之懊恼为耻。"弘治十二年，28岁的王阳明再次参加礼部会试，举南宫第二人，赐二甲进士第七人，观政工部。弘治十七年，被朝廷起用，授兵部武选司主事。

明武宗正德元年（1506）冬，王阳明上疏，企图救出遭擅政的宦官刘瑾逮捕的官员，因而触怒刘瑾，被杖四十，并遭谪贬贵州龙场（贵阳西北70里，修文县治），任龙场驿栈驿丞。同时其父亲也被赶出北京，调任南京吏部尚书。上任路途中，刘瑾一路派人追杀王阳明，以确保对方消失，万幸王阳明机智，伪造跳水自尽躲过追杀，后经辗转来到贵州龙场。龙场生活艰难困苦，九死一生，但王阳明并没有气馁。他一边参悟儒家经典，一边根据当地风俗开化教导乡邻，受民众爱戴。一日，王阳明对《大学》终有新的领悟，认识到"圣人之道，吾性自足，向之求理于事物者误也"，史称"龙场悟道"。

---

① 娄谅（1422—1491），字克贞，别号一斋，江西上饶人，明代著名理学家。少年时就有志于成圣，曾经求教于四方。后拜吴与弼（号康斋）为师。其学以"收心、放心"为居敬之门，以"何思何虑、勿忘勿助"为居敬要旨。王阳明曾向他求教，并得到"圣人可学而致之"的启迪。吴康斋的门人弟子中，陈献章（号石斋）、胡居仁（号敬斋）与娄谅三人最为人称道。

26 王阳明

正德四年（1509）闰九月，王阳明戍守龙场期满，复官庐陵县（今江西省吉安市）知县，次年八月，刘瑾被除，十二月，王阳明升任南京刑部主事。正德六年，王阳明被召入京，历任吏部验封司主事、署员外郎、吏部文选司主事、吏部考功郎中、南京太仆寺卿，并于正德九年升任南京鸿胪卿。正德十一年八月，因兵部尚书王琼推荐，王阳明被擢升为都察院左佥都御史，巡抚南安、赣州、汀州、漳州等地。

正德十二年（1517）正月，王阳明亲自率领精锐部队，出其不意进攻盘踞江西、福建一带的盗贼，他用兵诡异独断，不到一年，荡平为患数十年且让朝廷无以为计的盗贼，附近的人都惊呼王阳明为神人。正德十四年，宁王朱宸濠发动叛乱，朝中大臣惊恐不已。王阳明在万不得已的情况下，假诏传檄各地官兵至江西勤王，用一通眼花缭乱的计策，让宁王犹豫疑惑、心神不定，使其失去进攻南京的大好机会，致使精心策划的叛乱35天就宣告结束，宁王朱宸濠束手就擒。然而，平叛大功没有得到明武宗认同，反而招下祸端。

正德十六年（1521），明世宗由藩王入继大统，为表彰王阳明平叛之功，加封其为新建伯，世袭。嘉靖元年（1522），王阳明父亲王华去世，他回乡守制。嘉靖三年，他受邀在稷山书院讲学。次年，亲自在绍兴创建阳明书院，其弟子有的也开始讲学，传播"王学"。嘉靖六年九月，王阳明教授弟子心学四句教法：无善无恶心之体，有善有恶意之动；知善知恶是良知，为善去恶是格物。嘉靖七年，王阳明率湖广兵抵达南宁，为朝廷准备剿匪，思恩、田州造反的民族首领卢苏、王受闻风投降。投降之后的人马一同接受王阳明指挥，进剿其余叛军和盗匪，经过三个月的软硬兼施和排兵布阵，散落在断藤峡等地的所有匪寨、叛寨全部消灭。

平乱后，王阳明肺病加重，向朝廷上疏乞求告老还乡。嘉靖七年十一月二十九日卯时（1529年1月9日8时），王阳明病逝于江西南安府大庚县青龙港（今江西省大余县境内）归途的船上。临终之际，弟子询其遗言，他说："此心光明，亦复何言！"

儒士风雅
——中华文化传承的力量

王阳明是儒释道三者的集大成者,他以儒学为根基,广泛地吸纳了佛学和道家的思想而提出心学思想。他的一生就是实践自身思想的一生,可谓是一个真正做到"立德、立功、立言"三不朽的圣人。

阳明心学,作为儒学学派,最早可推溯自孟子,上接南宋陆九渊心学。王阳明继承陆九渊"心即是理"的思想,反对程颐、朱熹通过事事物物追求"至理"的"格物致知"方法,提倡"致良知",从自己内心中去寻找"理"。阳明心学不是唯心之学,也不仅仅是心理之学,而是强调道法自然,又主张天人合一,更重视人的主观能动性等一系列哲学思想之集大成,通过"心即是理""知行合一""致良知"等核心概念实现了理论与实践的统一、主体与客体的统一,也是内圣与外王的统一。阳明心学后传入日本,对日本、东亚都有巨大影响。

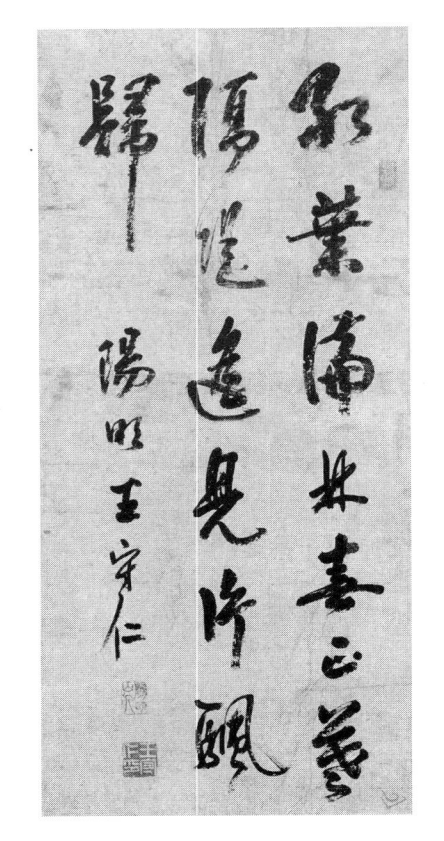

王阳明书法

27
王艮

王艮（1483—1541），字汝止，号心斋，明代哲学家，创立传承阳明心学的泰州学派，初名银，后来王阳明替他改名为艮。

王艮祖先原来居住在苏州，后来因烧盐为生而落户于泰州安丰场（淮南中十场之一，今江苏省东台市安丰镇）。始祖王伯寿，为"灶丁"阶级，而后世代为灶户。王艮虽出身低微，但在7岁还是得到乡塾教育，然而好景不长，到10岁时，由于家贫实在无法让他继续求学，王艮只好忍饥挨饿，踏实劳动，操持家务，烧盐谋生，但他从小就胸怀大志、自立有为。

王艮从19岁起，多次随父王守庵贩盐到山东出售。一次，在山东曲阜拜谒孔庙时，突然认为："夫子亦人也，我亦人也，圣人者可学而至也。"王艮由此开悟，于是开始读《大学》《论语》《孝经》。可是，他文化基础极差，居所又偏处海滨，且无名师指点，所以他只有发奋刻苦自学。王艮经常把书放于袖中，街上遇到认为可求教之人便虚心求教疑难之处，也经常与人辩解，互相切磋，这样久而久之，也能对经典夸夸其谈，自己的观点常常脱口而出。十多年的自学中，他一方面不耻下问，一方面不拘泥经典，学术精进。王艮也善经营，钻研管理，精通理财，从而成为海滨地区颇有财力的富户，这恰好为他日后脱离辛苦劳作、专心致志从事学习和传道打下了很好的经济基础。

儒士风雅
——中华文化传承的力量

王艮于38岁时听到塾师黄文刚（江西吉安人）说他的学术观点，了解到王阳明悟道并收徒讲学，由此产生要拜王阳明为师的想法。好学心切、求知若渴的王艮冲破家庭的重重阻力，不畏千里之路途遥远，乘船来到江西拜见王阳明。王阳明友善地接待了这个着奇装异服、打扮奇特的"无名小卒"，与他讨论问题，王艮对王阳明的学识佩服得五体投地，当即递学生名帖。王阳明觉得他个性高傲，因此把他的名字改为带有静止之意的"艮"字，由此，王银更名王艮。可是王艮晚上回去一想，觉得不对，第二天又撤回自己的名帖，准备出门游历讲学。

王阳明见他又是穿着奇装异服，戴着一顶纸糊的帽子的打扮，一改往日笑脸，质问他为何如此打扮。当然王艮回答为"破除理学陋规"之类，王阳明便说："你只不过是想出名而已。"王艮见花招被拆穿，只好向王阳明告别准备回家，这时王阳明却叫住他，对他说仍然是自己的学生，想住多久就住多久。终于，王艮明白王阳明传道授业的胸襟，收起自己的伪装，郑重向王阳明行跪拜礼，一心向学，后来成为优秀的学生，并创建泰州学派。

嘉靖二年（1523），王艮狂放、奇特的个性又一次发作，他自制蒲轮车，按《礼经》制着深衣、戴五常冠、手持笏板，一直北上入京，沿途讲学，受到各方重视而轰动一时。王阳明闻讯大怒，想设法召他回来，并痛加制裁。可是，此时已鞭长莫及，他的讲学已流传四方。嘉靖五年，王艮应泰州知府王瑶湖之聘，主讲于安定书院，宣传"百姓日用即道"的观点，求学者纷至沓来。王艮的门徒以平民百姓居多，但亦不乏著名学者，其中便有徐樾、颜钧、王栋、王襞、罗汝芳①、何心隐等人，至五传弟子共有近500人之多，其中罗汝芳为泰州学派集大成者。王艮创立的泰州学派化及平民，开辟了中国明清文化思想经世致用的先河。他是一个本着自己思想而实践的人，是个社

---

① 罗汝芳（1515—1588），字惟德，号近溪，人称"近溪先生"，江西南城泗石溪（今南城天井源乡罗坊村）人，明中后期著名哲学家、教育家、文学家、诗人，泰州学派的代表人物，被誉为明末清初黄宗羲等启蒙思想家的先驱。

会活动家。

泰州学派提出"百姓日用即道"的观点，强调"知之为之，不知为不知，是天德良知也"。王艮一反经典的传统说教，具体地形容"百姓日用即道"的观点："僮仆之往来，视听持行，泛应动作，不假安排"就是"道"，也就是说"即事是学，即事是道"。他还把"百姓"和"圣人"放在同等的地位，说"百姓日用条理处，即是圣人之条理处""圣人道，无异于百姓日用，凡有异者，皆谓之异端"。他认为，满街都是圣人，人人是君子，尧舜与途人一样，圣人和凡人无异。王艮创立了自己的格物说，他认为"格物致知"四个字的本来面目意思，两千多年来并没有定论，他认为格就是度量之意，他说"吾身是个矩，天下国家是个方"，是说方之不正由矩之不正而来，强调"身是本，天下国家是末"，"格物"必先"正己"，"本治而末治，正己而物正"。正己正身，正身应人人平等，包括统治阶级在内，正是王艮这种平民哲学，成为维护百姓利益的"绝唱"。

王艮对于社会政治类型作"三种景象"的划分，即羲皇景象、三代景象、王霸景象。他十分憧憬向往羲皇、三代圣世，深恶痛绝王霸社会。他明确主张：重德轻刑，施行仁政；予民教养，让民参政；均分土地，使民乐业。为济困扶贫，共同求富，王艮在嘉靖十六年（1537）亲自起草《均分草荡议》并带头践议，将多余的草荡无偿划分给贫民。王艮一生以布衣传道，终身不仕。嘉靖八年和十六年两位朝廷高官分别推荐王艮入朝做官，都被他婉言谢绝。他不仅自己终身不仕，而且要求五个儿子从事传道事业，不得参加科举出仕做官。

王艮的君子之学，对于发扬光大孔子的君子观念有极大的贡献。他的君子观与孔子的观点可以说是一脉相承的，也有具体的运用。他结合个人境遇对君子及其社会地位进行了新的反省和正本清源，认为君子不一定要科举入仕，不一定要高高在上、地位显赫。把人们对君子之道的认识从神圣走向俗化、民间化，使儒家思想更普遍化、实践化，给儒家君子观注入了更强大的活力和群众基础。

王艮通过"知天、乐天、同天"来对孔子君子"三达德"进行新的诠释，孔子有"知者不惑，仁者不忧，勇者不惧"作为君子三达德之说。他说："我知天，何惑之有？我乐天，何忧之有？我同天，何惧之有？"这些君子的"知、仁、勇""知天、乐天、同天"都来自于社会生活，和老百姓的传统道德一脉相承，很好地诠释了儒家精神。

王艮的君子良知说对"元（仁）、亨、利、贞"也有新的注脚。他说："立夫良知即性，性即天，天即乾也。以其无所不包，故谓之仁；无所不通，故谓之亨；无所不宜，故谓之利；无所不正，故谓之贞。是故君子体仁足以长人，嘉会足以合礼，利物足以和义，贞固足以干事。终日乾乾夕惕，敬慎此良知而已。虽危无咎，即所谓不败，即所以立本也。平斋求之，良知更何疑于不足，此便是尽性，自能获乎上下。行有不得，反求诸己而已矣。能反求，自不怨天尤人，更有何事！"

嘉靖十九年（1540），58岁的王艮病魔缠身，弥留之际，他对儿子王襞说："汝知学，吾复何忧！"

28

顾宪成

顾宪成（1550—1612），字叔时，号泾阳，因创办东林书院而被人尊称东林先生。江苏无锡人，明代思想家。

明世宗嘉靖二十九年（1550），顾宪成出生于江苏无锡一个书香门第。聪明过人的顾宪成幼年就研读孔子儒家之学，四书五经无一不涉。万历四年（1576），顾宪成赴应天（今江苏省南京市）参加科举考试，中乡试第一名。万历八年，顾宪成赴京参加会试，被录取二甲第二名，赐进士出身，官居户部主事。万历十四年，顾宪成的弟弟顾允成也考中了进士。万历十五年，明朝考核京城官员，顾宪成为被弹劾而罢官的官员抱不平，上疏为他们申辩，言语触怒当权者，被明神宗下圣旨责备，贬官外放，先贬为桂阳州判官，后提为处州推官。

万历二十一年（1593），朝廷考核官员吏治时，顾宪成因公正廉洁被推为第一，因而被提升为吏部考功主事，后升任吏部员外郎。这年正月，明神宗下诏将长子朱常洛和另外两个儿子朱常洵、朱常浩同时封王，而不明确皇位继承人，以便使自己宠妃所生的儿子朱常洵仍有被立为太子的机会。这对儒家正统所强调的长幼有序发起了挑战，不能为朝中大臣所接受。于是顾宪成、顾允成两兄弟联合朝廷官员一同上奏阻止，神宗迫于大臣们合议，于二月收回三王并封之命。顾宪成敢于直言相谏，他和正直的官员对朝廷的错误

儒士风雅
——中华文化传承的力量

决策经常有所非议，在士大夫中的声望日益提升。因为争立皇长子朱常洛为太子，顾宪成引起明神宗的反感。万历二十二年（1594），首辅王锡爵年老引退，顾宪成与吏部尚书陈有年合拟七人名单上报听候补缺，请神宗裁定，不料，神宗对他们所发起的名单之人都不满意，特别对名单中的前大学士王家屏更是厌恶，神宗大怒之下，将顾宪成削去官爵，遣送回乡。之后，朝廷内外上书超百份请求皇帝任用顾宪成，神宗终不批复。

顾宪成被革职后回到家乡，决定从事讲学活动，同时借以宣扬自己的政治主张。在无锡，有一座东林书院，宋朝学者程颢得意弟子杨时①曾讲学于此。顾宪成倡议维修书院，得到地方人士以及常州知府、无锡知县的资助和大力支持，并在万历三十二年（1604）修复完成。同年十月，顾宪成会同其弟顾允成及高攀龙②、安希范、刘元珍、钱一本、薛敷教、叶茂才等人发起东林大会，制定《东林会约》，规定每年举行大会一两次，每月小会一次。东林书院边讲学边议政，吸引众多有识之士，其中还有一些因批评朝廷而被贬斥的官员。纷至沓来的人群，竟使东林书院无法容纳。顾宪成在讲学之余，也常常议论朝廷，品评人物。朝廷为官之士仰慕他的风范，也多和他遥相呼应。由此，东林书院名声大噪，也因此而忌恨的人逐渐增多，反对者称他们为东林党。

---

① 杨时（1053—1135），字中立，号龟山，学者称龟山先生。祖籍弘农华阴（今陕西省华阴市），南剑西镛州龙池团（今福建省三明市）人。北宋哲学家、文学家。杨时学问渊博，有经邦济世之才，他学于程颢、程颐，同游酢、吕大临、谢良佐并称程门四大弟子。又与罗从彦、李侗并称为"南剑三先生"，被后世尊为"闽学鼻祖"，将二程洛学传播至东南等广大地区，在二程和朱熹之间起到了承前启后的作用，为闽学及其思想体系的形成打下了坚实基础，为理学南传及中华文化的传播做出了重要贡献。
② 高攀龙（1562—1626），字存之，又字云从，南直隶无锡（今江苏省无锡市）人，世称景逸先生。明朝政治家、思想家，东林党领袖，同安希范、顾宪成、顾允成、刘元珍、钱一本、薛敷教、叶茂才合称为"东林八君子"。与顾宪成兄弟复建东林书院，在家讲学二十余年。后来高攀龙被诬告贪污，魏忠贤借机搜捕东林党人，高攀龙不堪屈辱，投水自尽。

28 顾宪成

万历三十六年（1608），许多官员纷纷上疏推荐重新启用顾宪成。顾宪成被正式任命为南京光禄寺少卿，但顾宪成没有受命上任，而是留在家乡继续讲学议政。顾宪成曾经说："在朝廷做官，志向不在皇上；在边地做官，志向不在民生；居于水边林下，志向不在世道，君子是不这样做的。"明朝的文化思想活跃异常，中期有王阳明心学兴起，至晚期顾宪成时代，实学开始萌芽。传统儒学也正在此时得到激荡，确立了当时中国传统社会儒家的道德规范和道德体系。顾宪成作为继王阳明之后的大儒，对王阳明的心学及其王学末流在道德修养上"心意良知"之说进行了抨击和批评。顾宪成以圣学为己任，主张借朱熹理学调和王学之弊，提出"修悟并重"的道德修养论，开当时风气之先，推进了晚明实学思潮的发展。

顾宪成开实学思潮之端绪，其学术思想的特点主要表现在：一、继承和发扬儒学"经世致用"的优良传统，要求为治世、惠民服务，并针对时弊提出了各种社会改革方案；二、强调实践、实证，突出"行"的作用，以此批评程朱理学和阳明心学，强调笃行，反对学而无实、学而无用和欺世乱民；三、实学思想推进民主启蒙色彩的出现，进一步促进资本主义生产关系发展。顾宪成强调，"学术者，天下之大本也。学术正，政事焉有不正"。他进一步以"忠恕"这一道德原则来概括《大学》的"治国平天下"的政治学说，把"诚意、正心、修身"概括为忠，把"齐家、治国、平天下"概括为恕。他认为，只有把"诚意、正心、修身"的个人道德修养完善了，才能"恕以及物"，达到"齐家、治国、平天下"的崇高理想。

万历四十年（1612），顾宪成的一生在诽谤声中走完，在家乡与世长辞，留下"风声雨声读书声声声入耳、家事国事天下事事事关心"这一名句为心怀远大抱负的许多学士、志士传诵！

29 刘宗周

刘宗周（1578—1645），字起东，别号念台，浙江绍兴府山阴（今浙江省绍兴市）人，因讲学于山阴县蕺（jí）山，人称蕺山先生。

刘宗周从小得到外祖父的教育，学问进步非常快。至17岁时，拜鲁念彬为师。由于先生的严格管教，加上自己的勤奋好学，刘宗周于万历二十五年（1597）考中举人，四年之后顺利考取进士，但因母亲去世，他没有受官。经人介绍，刘宗周有机会师从湖州德清学者许孚远。许孚远，字孟仲，号敬庵，是湛若水门下唐枢的弟子，其学以"克己"为要，"笃信良知"。万历三十二年，刘宗周北上京师，参加选拔，任行人司行人。路过德清时拜别许孚远。许勉励他说："为学不在虚知，要归实践。"刘宗周听后猛然开悟，之后，他提倡"慎独"之说，以此为儒学正道。当时朝廷黑暗，权臣当道，朋比为奸，排斥正人。万历皇帝昏庸腐朽，深居宫中，服食炼丹，数十年未出，大明江山，已是"山雨欲来风满楼"之势。刘宗周任官不到一年，便以侍亲为由，辞去官职还乡。还乡为外祖父、祖父守制期间，在大善寺僧舍收徒授课，以此谋生。七年间，他贫病交加，衣食不继，经常靠借贷度日。在此期间，他甚至足迹不至公庭，即使有官吏慕名拜访，也是拒而不见。

万历四十年（1612），因人推荐，朝廷下诏恢复刘宗周行人司行人之旧

职。他在北上途中,路过无锡,拜访高攀龙,得以和高攀龙切磋学问,二人就"居方寸、穷理及儒释异同"与"主敬之功"相互辩论,从此刘宗周论学更反躬自省,从事治心之功。就职朝廷期间,他对朝中大臣相互攻讦、形同水火而心生忧虑,多次上疏希望各党派归于平静,不要以门户成见而不和,要共同辅佐朝廷中兴,但无济于事,加之江西巡抚韩浚等人相继对他进行构陷攻击,促使他"申文吏部,请给假放归",又一次踏上回乡之路。解官之后的刘宗周心情反而觉得轻松,因为他早就想潜心学问,摆脱世事的缠绕。他说,小人当道,国事日非,既不能作济世之名臣,不妨作一个弘道之名儒。从此,刘宗周更加走向了注重内省的治学道路。

其实,刘宗周早期就从王学末流弟子及后学中认识到"陆王心学只信本心以证圣,不做克己功夫,更不做学问思辨,这样非常容易导致虚禅。"他曾说:"王守仁之学良知也,无善无恶,其弊也,必为佛老顽钝而无耻。"可是,这次他解官归乡,闭门读书,大悟"天下无心外之理""无心外之学",应该说,其学术主张从根本上发生了很大的变化,转向了陆王心学,并著有《心论》一文,详细地阐发了自己的心学观,认为"只此一心,散为万化,万化复归于一心""大哉心乎,原始要终,是故知死生之说"。这都无疑表明刘宗周对心学从"始而疑"到"中而信"的转变。

刘宗周从37岁"悟心"到47岁创"慎独"近十年间,是刘宗周生命旅途中非常重要的一段。直到万历四十二年(1614)刘宗周"甲寅悟心"时,没有证据能说明他曾研读过王阳明和陆象山的著作,基本认为他悟心是属于自己悟得,这基本也得于现实机缘以及他对时事的关切和忧虑,即使如此,他重工夫修悟的方向始终未曾改变。在这十年间,刘宗周试图以学术人"心之正"的观点来改变当时的社会状况,从"以心为天地万化之本",到"以此心为求取外王的下手之处",他以收心、慎心为主,以重工夫实践的修悟方式,终于到天启五年(1625)47岁创立"慎独"之说。早年的刘宗周重工夫的为学倾向明显地表现出正心、克己、慎独的主张,而把慎独工夫发展为一种学问系统显然是其思想哲学走向成熟的重大转折。刘宗周在研读王阳明

的著作之后，觉得王阳明的良知说在理论和义理方面是可以自圆其说的，但在工夫指点和教法上却有瑕疵。他认为，按王阳明之意，良知是至善的，良知便是心之体，但是作为至善的良知与无善无恶之间如何连通？其实王阳明也一再强调，此四句教本是一个彻上彻下的道理，无论利根钝根之人，都不能废弃工夫，但其王学末流却陷入空疏之弊，这便是其教法上的不足而导致的，所以很自然地，刘宗周在推崇陆王心学的基础上，必须发展出一套新的工夫理论来反驳和纠正王学的堕坠，这促成了"慎独论"的诞生。

刘宗周认为君子所有修养学问全在慎独，人如果能慎独，便是天地间完人。那么什么是"独"？他认为"独"是本心，是良知，是人具有的一种主观道德能力，"慎独"则是一种内省的道德修养工夫。他把"独"提升到本体论高度，而把"慎独"说成是最重要的修养方法，"独之外别无本体，慎独之外别无功夫"。

崇祯九年（1636），刘宗周在京师始以《大学》中的"诚意"以及《中庸》中的"已发""未发"之说讲学，创立了"意者，心之所存非所发"的新见解，这便是他的"诚意论"，把本体与工夫一并收归于意体，并将《大学》与《中庸》从心、性两立的角度加以整合。这一年，朝廷升刘宗周为工部左侍郎，他向崇祯帝上疏，历数从前弊政，推销自己的"慎独"之学，而皇帝急求向往的是如何打退清兵，平息内乱，便不可避免地认为刘宗周的观点"迂阔"，但也依旧感叹他的忠诚为国。崇祯十年，刘宗周再次告病求归，行至德州时上疏皇帝，极言贤奸颠倒，任用匪人之祸，致使崇祯帝大怒，降旨将他革职为民。崇祯十五年，刘宗周又被重新起用为左都御史。尽管他已不太愿意出仕为官，但还是君命难违。崇祯十七年，李自成率领农民军攻破北京，崇祯皇帝自缢身亡，福王朱由崧在南京即位，史称"南明"。刘宗周上疏献计：一、据形势以规进取；二、重藩屏以资弹压；三、慎爵赏以肃军情；四、核旧官以立臣纪。他还上疏请诛内外不称职诸臣，遂成为众矢之的，在愈演愈烈的党争中，他辞职回归绍兴。刘宗周历经万历、天启、崇祯、弘光四朝，自万历三十二年（1604）出仕为官，至崇祯十七年（1644）辞官归乡，

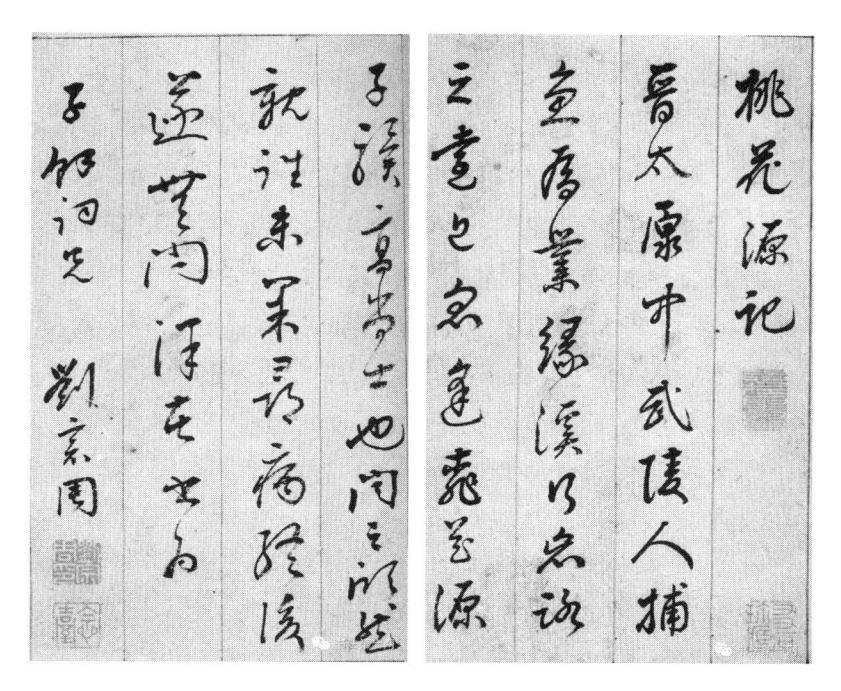

刘宗周行草《桃花源记》(局部)

中间起起落落，出朝入朝，实际作为朝廷命官约六年半，而在朝廷实际为官四年，一生基本在讲学和做学问中度过。他著作等身，留有《第一义》《读易图说》《古易钞义》《大学诚意章句》《良知说》等等。最后的岁月，刘宗周定稿《人谱》，《人谱》是他的绝笔。弘光元年（1645）五月，清兵攻破南京，弘光帝被俘遇害，潞王监国。六月十三日，杭州失守，潞王降清。十五日午刻，刘宗周听到这一消息，推案恸哭说："此予正命时也。"于是决定效法伯夷、叔齐，开始绝食。弘光元年闰六月初八日（1645年7月30日），刘宗周绝食而死。

30
黄宗羲

黄宗羲（1610—1695），字太冲，号南雷，别号梨洲老人、梨洲山人，学者称梨洲先生。浙江余姚人，明末清初经学家、史学家、思想家、天文历算学家、教育家。

明万历三十八年（1610）八月初八，黄宗羲出生于绍兴府余姚县通德乡黄竹浦，降生前夕，母亲姚氏曾梦见麒麟入怀，家人遂给他取乳名"麟儿"。父黄尊素，万历进士，天启中官至御史，因弹劾魏忠贤而被削职，并下狱受酷刑而死。崇祯元年（1628），魏忠贤、崔呈秀被除，使得天启朝的冤案得以平反。黄宗羲上书请求诛杀阉党余孽许显纯、崔应元等人。五月刑部会审，出庭对证，黄宗羲趁机拿出袖中暗藏的铁锥刺向许显纯，当众痛击崔应元，拔崔应元胡须祭奠亡父在天之灵，因而得"姚江黄孝子"之称，明思宗叹称为"忠臣孤子"。

黄宗羲报仇后归乡，随即发愤读书，并在南雷建"续钞堂"，希望承其父的东林之绪。之后跟随著名大儒刘宗周学习，得蕺山之学。崇祯三年（1630），张溥在南京召集金陵大会，黄宗羲经友人介绍加入，成为社中活跃人物。同年，他又加入以名士何乔远为首领的诗社。崇祯十五年，黄宗羲赴北京参加科举，名落孙山。崇祯十七年春，李自成攻入北京，崇祯帝自缢于煤山（今景山），至五月，南京弘光政权建立，阮大铖为兵部侍郎，开始诬

东林党为"蝗",以《留都防乱公揭》之事为名,将黄宗羲抓捕入狱。顺治二年(1645)五月,清军攻克南京,弘光政权覆灭,明政府彻底灭亡,黄宗羲趁乱逃脱,返回余姚。闰六月,他变卖家产,召集家乡黄竹浦600多青壮年,号称"世忠营",以响应余姚孙嘉绩、熊汝霖起兵抗清。

顺治三年(1646)二月,黄宗羲被鲁王委任兵部职方司主事。五月,组织火攻营渡海抵乍浦城下作战,终因力量悬殊而兵败。之后,清军占领绍兴,他带领残部进入四明山,在杖锡寺扎寨固守,不料,在其外出时,部下扰民,山寨被山民聚起烧毁,他只好解散余部,只身潜回家中。此时,又遭清廷通缉,黄宗羲离家避居化安山。顺治六年,朝见鲁王,被升为左副都御史。同年冬,和阮美、冯京一同渡海出使日本,希望得到日本支持,以日本兵马驱逐清廷,至长崎岛、萨斯玛岛,终未能成功借得兵马,遂返家隐居,从此不再任职鲁王行朝。之后五年,黄宗羲多次遭清廷通缉,且期间家祸迭起,痛苦不堪。顺治十年九月,他开始沉心著书讲学。康熙二年(1663)至康熙十八年(1679),于慈溪、绍兴、宁波、海宁等多地设馆授徒讲学,撰成《明夷待访录》《明儒学案》等。

黄宗羲多才博学,对经史百家以及天文、算术、乐律以及儒、释都有研究,尤其在史学上的成就最大。在哲学和政治思想上,他更是"民本"思想启蒙第一人。《明夷待访录》通过抨击"家天下"的专制君主制度,向世人传递了光芒四射的民主精神。他认为设立君主的本来目的是为了"使天下受其利""使天下释其害",也就是说,产生君主,是要君主负担起抑私利、兴公利的责任。黄宗羲提出应设立丞相,一方面可以限制君权专断独行、为所欲为;另一方面,可以在天子传子的封建制度下,依赖丞相传贤而不传子的方式补救"天子之子不皆贤"的弊病,因为天子之子一旦不贤良,势必会给国家和人民带来无穷的灾难。他的"天下为主、君为客"的主张,实际上就是君臣共治天下的治权平等思想。

黄宗羲既继承又超越了前辈王阳明的心学思想和老师刘宗周的"诚意慎独"之学,他将王阳明的"致良知"说解释为"致"字就是"行"字的"行

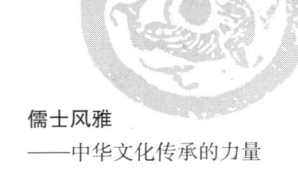

良知"说,将刘宗周立足于至善之"意"的"改过说"发展为基于"工夫"实践的"力行"哲学,提出了"心无本体,工夫所至即其本体"和"必以力行为工夫"的重要哲学命题,这为纠正当时流行的空虚学风、倡导社会变革提供了新思维。

  黄宗羲的《明儒学案》,以及其后开始革创并由后人和学生共同完成的《宋元学案》在中国史学史上具有非常重要的地位,开创了中国史学上的新体裁——"学案体"。《明儒学案》是具有划时代意义的哲学史专著,它开创了中国编写学术思想史的先河,标志着中国学术史体裁的主要形式——学案体臻于完善和成熟。

  康熙十七年(1678),康熙帝诏征"博学鸿儒",黄宗羲让学生代为推辞。康熙十九年,康熙帝命令地方官"以礼敦请"其赴京,担任修《明史》工作,他以年老多病拒绝。康熙二十二年,参与修纂《浙江通志》。康熙二十九年,康熙帝又召其进京任顾问,年已80的黄宗羲以老病推辞。

  康熙三十四年七月三日(1695年8月12日),黄宗羲与世长辞。临终前四天给孙女婿万承勋的信中写道:"年纪到此可死;自反平生虽无善状,亦无恶状,可死;于先人未了,亦稍稍无歉,可死;一生著述未必尽传,自料亦不下古之名家,可死。如此四可死,死真无苦矣。"

31
顾炎武

顾炎武（1613—1682），本名绛，字忠清，号亭林。因仰慕文天祥①的学生王炎午的为人而改名炎武。明末清初思想家、经学家、史地学家，学者尊其为亭林先生。

顾炎武于明万历四十一年五月二十八日（1613年7月15日）生于昆山千灯镇，本为顾同应之子，因其过世的堂伯顾同吉无子，顾炎武被过继为嗣。寡母为王逑之女，16岁未婚守节，独自将顾炎武抚养成人，自小以岳飞②、文

---

① 文天祥（1236—1283），初名云孙，字宋瑞，又字履善。自号浮休道人、文山。江南西路吉州庐陵县（今江西省吉安市青原区富田镇）人，南宋末年政治家、文学家，抗元名臣，与陆秀夫、张世杰并称为"宋末三杰"。宋理宗宝祐四年（1256）状元。文天祥多有忠愤慷慨之文，气势豪放，他在《过零丁洋》中所作的"人生自古谁无死，留取丹心照汗青"，气势磅礴，格调高亢，激励了后世众多为理想而奋斗的仁人志士。文天祥的著作经后人整理，被辑为《文山先生全集》。

② 岳飞（1103—1142），字鹏举，相州汤阴（今河南省汤阴县）人。南宋时期抗金名将、军事家、战略家、书法家、诗人，位列南宋"中兴四将"之首。岳飞从二十岁起，曾先后四次从军。在宋金议和过程中，岳飞遭受秦桧、张俊等人诬陷入狱。1142年1月，以"莫须有"的罪名，与长子岳云、部将张宪一同遇害。岳飞率领的"岳家军"号称"冻死不拆屋，饿死不打掳"。金军有"撼山易，撼岳家军难"的评语，以示对岳家军的由衷敬佩。岳飞的文采同样卓越，其代表作《满江红·写怀》是千古传诵的爱国名篇。

天祥、方孝孺①忠义节气来教导他。曾祖顾章志,顾氏为江东名门望族。

顾炎武14岁取得诸生资格,与同窗归庄兴趣相投,成莫逆之交。到18岁时,二人结伴去南京参加应天乡试,共同加入复社。因二人个性都特立独行,被时人称为"归奇顾怪"。因屡试而不中,到27岁,他断然抛弃科举之学,遍览历代史乘、郡县志书,以及各种文集、章奏之类,同时辑录其中有关农田、水利、矿产、交通等记载,开始著书《天下郡国利病书》和《肇域志》。崇祯十六年(1643)夏,以捐纳而成为国子监生。

清兵入关后,顾炎武由昆山县令杨永言推荐,加入南明朝廷任兵部司务。顾炎武把为国复仇的希望寄托在弘光小朝廷上,他满腔热忱,针对南京政权军政废弛和明末种种弊端出谋划策,可是他尚未到南京就职,南京就为清兵攻占,弘光帝被俘,南明军溃败。虽然顾炎武和挚友归庄都投笔从戎参加义军,终不敌清朝廷八旗精锐,苏州也相继陷落。顾炎武回昆山后,又与杨永言、归庄等人率民兵守城拒敌,数日后昆山失守,死难者多达4万,生母何氏右臂被砍断,两个弟弟被杀。几天后常熟陷落,顾炎武嗣母王氏绝食殉国,临终嘱咐他说:"我就算是一个妇人,与国俱亡,那也是一种大义。你不做他国的臣子,不辜负世代国恩浩荡,不要忘记先祖的遗训,我就可以长眠地下了。"

此后多年,顾炎武东至海上,北至王家营,来来往往奔走在各股抗清力量之间,希望能集义军力量反清复明。然而,随着弘光及闽浙沿海的隆武等南朝政权先后瓦解,希望逐渐破灭,加上堂叔等人挑起家难,他离开昆山出走,化名商人蒋山佣,以商贾身份在吴、会之间奔走,但还时时关注着沿海一带抗清活动,希望还能建功立业。顺治十二年(1655)春,顾炎武回到

---

① 方孝孺(1357—1402),字希直,又字希古,号逊志,曾以"逊志"名其书斋,因其故里旧属缑城里,故称"缑城先生",浙江台州府宁海县人。明朝大臣、学者、文学家、散文家、思想家,拜大儒宋濂为师,为同辈人所推崇。后因拒绝为发动"靖难之役"的燕王朱棣草拟即位诏书,方孝孺被施以凌迟杀害于南京聚宝门外,时年46岁。

家乡昆山。不料背叛的世仆陆恩和仇人叶方恒联手控告顾炎武有"通海"之罪，打算将其置于死地。无奈之下，顾炎武逃走，后又潜回昆山，秘密处决了陆恩。之后，他遭叶方恒等人绑架关押，逼其自裁，在多方营救之下，顾炎武案得以移交松江府审理，最终万幸以"杀有罪奴"的罪名结案。其间，他即使为自保也誓死不做钱谦益门生而让士人更加钦佩。

顺治十四年（1657）元旦，顾炎武晋谒明孝陵。7年间，他共六谒孝陵，以寄故国之思，然后返回昆山，变卖家产，从此离开故乡，一去不归。顺治十六年，至山海关，凭吊古战场。从此之后的20多年，顾炎武游踪不定，足迹遍及山东、河北、山西、河南等地，行程有二三万里之多，真正"读万卷书行万里路"。晚年定居陕西华阴。康熙十七年（1678），康熙帝开博学鸿儒科，招纳明朝遗民，顾炎武以死坚拒推荐。康熙十八年，清廷开明史馆，顾炎武以"愿以一死谢公，最下则逃之世外"回拒了熊赐履的邀请。顾炎武积三十余年心力撰写而成《日知录》，自言"平生之志与业皆在其中"。《日知录》书名取之于《论语·子张篇》。子夏曰："日知其所亡，月无忘其所能，可谓好学也已矣。"《日知录》是十七世纪中叶中国知识界一部足以反映时代风貌的学术巨著，其中不少名言警句传诵千古，如"保天下者，匹夫之贱，与有责焉耳矣"，后人将之概括为"天下兴亡，匹夫有责"。

顾炎武被称作清朝"开国儒师""清学开山"始祖，是著名经学家、史地学家，同时也是音韵学家。他继承明朝学者的反理学思潮，在性与天道、理气、道器、知行、天理、人欲诸多范畴上，都显示了与程朱理学不同的为学思想。顾炎武主张复兴经学，从明中期以来的学术发展趋势来看，虽然"尊德性"的王学风靡全国，但刘宗周、黄道周等人的重学问思辨的"道问学"也在逐渐抬头，他认为陆王心学末流已趋入佛教禅学，背离了儒家修齐治平的宗旨。他主张经世致用，反对空疏的学风，认为儒学本旨"其行在孝悌忠信，其职在洒扫应对，其文在《诗》《书》《礼》《易》《春秋》，其用之身在出处、去就、交际，其施之天下在政令、教化、刑罚。"他认为，经学才是儒学正统，批评沉溺于理学家的语录而不钻研儒家经典的现象。顾炎武以

顾炎武书法作品《书呈王山史先生》

"博学于文""行己有耻"作为为学宗旨和立身处世之道，认为只有懂得善恶廉耻而注重实学的人，才真正符合"圣人之道"。顾炎武治学另一重要特点，是强调"明音韵为治国的根本"，提出"由音韵文字而通经"的口号。在他看来，治音韵为通经的关键，知音才能通经，通经才能明道，明道才能救世。所以说，他以阐幽挟微之心，抢明道救世之志，发明古音，考正古韵，开辟了清代学者"以音明经，通经明道，明道救世"的学术路线。

康熙二十一年（1682）正月初四，顾炎武在山西曲沃韩姓友人家上马时不慎失足，之后呕吐不止，初九日卒，享年70岁。

32
颜元

颜元（1635—1704），直隶博野县（今河北省保定市博野县）人，字易直，号习斋，明末清初思想家、教育家，颜李学派创始人。

明崇祯八年（1635），颜元出生。父名颜昶，因家境贫寒而在幼时过继到蠡县刘村朱九祚家为养子，自此改姓朱。因此，颜元出生在朱家，取名朱邦良，后来颜元才归宗。明崇祯十一年冬，皇太极率兵入关时，颜昶乘机随军逃往关外，自此音讯全无，此时的颜元（朱邦良）才4岁。8年以后，生母王氏改嫁，他孤身留于朱家。

颜元8岁起受启蒙教育，拜师吴洞云，吴洞云先生善骑射、剑戟，也长于医术和术数，这使得颜元自小起便受到与别人不同的教育。颜元十四五岁时又学寇氏丹法、运气术，想学成仙，娶妻子也不相近。19岁，他又跟从贾端惠先生学习，颜元严守其教，同时力改前非。养祖父朱九祚曾想为他贿买秀才头衔，颜元坚拒，说："宁为真白丁，不作假秀才！"结果，自己凭实力考中秀才。

颜元20岁时，由于养祖父受到诉讼而家道败落，从此担负起全家生活费用。为谋生计，他开始学医、行医，并开设家塾，教授弟子。21岁时，他开始阅读《资治通鉴》，到达废寝忘食的地步，随着他开始博古通今，逐步把晓兴废邪作为己任，决心放弃科举求功名。23岁时，颜元开始学习兵法，研究战术和攻击之术，经常彻夜不眠。同时，他开始喜欢上陆九渊及王阳明学说，反复体味，沉醉于学圣人之道。

颜元二十五六岁时思想有较大变化。此时他阅读《性理大全》，深深为周濂溪、张载、二程以及朱熹等人的学说所折服。

养祖母去世后，颜元恪守程朱理学倡导的家礼，不敢有任何违逆。守丧期间，他连病带饿，几乎致死。后来，他对宋儒学说进行了全面反省，悟得"周公的六德、六行、六艺以及孔子四教为正学，而静坐读书为程朱陆王之禅学"。康熙八年（1669），颜元著《存性》《存学》两篇，自此，学术上开始自成体系。思想发生转变后，他体会到"思不如学，学必以习"，此后教育弟子学生立志学习礼、乐、射、御、书、数及兵、农、钱、谷、水、火、工虞诸学，并习射、习骑、习歌舞及拳法武艺，力戒静坐空谈。

康熙十二年（1673），养祖父朱翁也去世，身边亲人全无，于是，颜元回到父亲原籍家乡博野县北杨村，归宗姓颜，此时已39岁。随着颜元弟子越来越多，他更兢兢业业，以阐扬儒家学说中的实用实行思想为己任。对于自己，颜元也是持身极严。康熙二十三年，50岁的颜元只身往关外寻找父亲下落。此时北游经历，让他看清了世态万千、道德沦丧的社会现实。北游归来后自叹"苍生休戚，圣道明晦"，遂于康熙三十年告别亲友开始南游，行程几千里，拜访河南诸儒。在各地，他结交士人，出示自己的著作《存性》《存学》《唤迷途》等进行切磋探讨，宣传自己的政治主张，率直地批评理学家空谈心性，以著述讲读为务、不问实学实习的倾向。通过此次南游，颜元愈发感到程朱之学为害严重。因此，他一方面著《四书正误偶笔》等，以辨析朱熹学说的谬误，另一方面以更多的时间和精力向友人和门生申明训古、理学的危害。

颜元62岁时，肥乡郝文灿三次礼聘，请他前往主持漳南书院。后虽由于水灾泛滥，书院被淹，未能成行，但郝文灿一直以颜元为漳南书院主持讲师。颜元毕生从事教育活动，一生培养了众多的学生，其中有记录可查者达100人。高足李塨（1650—1733），字刚主，号恕谷，继承和发展了颜元学

说，形成了当时一个较为著名的学派，后人称为"颜李学派"。颜元极力批判自汉以来两千年的重文轻实的教育系统，他认为包括玄学、佛学、道学以及宋明理学都是如此。他认为尧、舜、周、孔就是实学教育的代表者，如孔子之注重考习市集活动，其弟子或习礼、或鼓瑟、或学舞、或问仁孝、或谈商兵政事，于己于世都有实益，而宋儒理学教育却相反，主静主敬，手持书本闭目呆坐，危害实大，其害有三：一是坏人才，二是灭圣学，三是厄世运。他主张以实学代替理学。颜元也深刻揭露批判八股取士制度对于学校教育的危害，他说："天下尽八股，中何用乎！故八股行天下无学术，无学术则无政事，无政事则无治功，无治功则无升平矣。故八股之害，甚于焚坑。"颜元不仅教育学生"习动"，而且身体力行，武艺出众。

颜元以反传统、反教条、反程朱理学脱离实际的战斗者姿态出现，提出其实学主张，主张培养实才实德之士，冲破了理学教育的桎梏，具有鲜明的经世致用的特性，反映了要求发展社会生产的新兴市民阶层对于人才的新要求，于当时具有极大的进步意义。

康熙四十三年（1704）九月初二日，颜元病故。逝世前还对门人学生说："天下事尚可为，汝等当积学待用。"

… 33 …

戴震

戴震（1724—1777），字东原，又字慎修，号杲溪，休宁隆阜（今安徽省黄山市屯溪区）人，清代著名语言文字学家、哲学家、思想家。

雍正二年（1724），戴震生于安徽徽州府休宁县隆阜，据说因那天雷声震天，故取名震。戴震的祖先于唐朝做过大官，但他祖父、父亲都不曾为官。父亲戴弁行商贩布，在江西南丰一带做小本生意，养家糊口。

戴震自幼聪敏过人，能过目成诵，10岁时每日读书数千字，17岁开始学《说文解字》，就这样，他少年时就通过自学打实了学术基础。某日读《大学章句》至"右经一章"，问私塾老师："凭什么知道这是孔子之言论，而且是曾子记述的呢？又有些言论凭什么知道这是曾子的意思而且是他的门人记述的呢？"老师回答说："这是朱熹所说的。"戴震指出，孔子年代离宋朝两千年之遥，为什么朱子能知道这些事呢？问得老师无言以对。

乾隆五年（1740），戴震随同父亲居住在江西南丰，同乡程询对他刮目相看，非常器重，于是悉心指点。因此，戴震也称程询为先师。乾隆七年，戴震偶遇年过六旬的音韵学家江永。江永精通三礼，旁通天文、地理、算学及声韵等。此后，他师从江永，学问精进迅猛。乾隆九年，他写成《筹算》，乾隆十一年，写成《考工记图注》，之后，相继又完成《勾股割圆记》等自然科学著作和《六书论》《尔雅文字考》《屈原赋注》《诗补传》等学术著作。

33 戴震

乾隆二十年（1755），戴震在32岁时迎来人生转折点，他因避仇而入京都，在京城结识纪昀①、钱大昕②等名流。他的《勾股割圆记》被秦惠田全文刊载，由吴思孝刻印，《考工记图注》由纪昀刻印，戴震由此名震京城。乾隆二十一年，戴震寓居吏部尚书王安国处，为其子王念孙授读。王念孙与其后成为戴震学生的段玉裁成为他最著名的两个学生。王念孙的《读书杂志》《广雅疏证》，段玉裁的《说文解字注》《六书音韵表》是清代学术史上有卓越成就的著作。

戴震29岁才开始入学为秀才，到40岁才乡试中举，此后六次入京会试都名落孙山。乾隆三十四年（1769），戴震落第后往山西修《汾州府志》。乾隆三十六年又不第，在山西修《汾阳县志》。乾隆三十七年，戴震近50岁时，自汾阳入京，会试又不中，往浙东主讲金华书院。乾隆三十八年秋，《四库全书》馆总裁于敏中③听从纪昀、裘日修之言向乾隆推荐戴震，特召其入京为四库馆纂修官。戴震53岁时，他第六次会试又不第。鉴于其声望，奉皇帝命与录取的贡士一同参加殿试，赐同进士出身，为翰林院庶吉士，仍从事《四库全书》的编纂工作。

---

① 纪昀（1724—1805），字晓岚，别字春帆，号石云，道号观弈道人、孤石老人，直隶河间府献县人，清代文学家。清乾隆十九年（1754），考中进士，官至礼部尚书、协办大学士、太子少保。其文采出众，曾任《四库全书》总纂官。

② 钱大昕（1728—1804），字晓征，又字及之，号辛楣，晚年自署竹汀居士，江苏太仓州嘉定县（今上海市嘉定区）人。清代史学家、文学家、教育家，乾嘉学派代表人物。乾隆四十年（1775），因父丧归家，从此引疾不仕。归隐三十年，潜心著述授徒，历主钟山、娄东、紫阳书院讲席，出其门下之士多至二千余人。钱大昕是18世纪中国渊博和专精的学术大师，其学以"实事求是"为宗旨，治学范围广博精深，在史学、经学、小学、算学、校勘学及金石学等学术领域，均有建树和创见。著有《十驾斋养新录》，后世将它与顾炎武《日知录》并称。他一生著述甚富，后世辑为《潜研堂丛书》刊行。

③ 于敏中（1714—1780），字叔子，又字重棠，号耐圃，江苏金坛人。山西学政于汉翔之孙，宣平知县于树范之子。清朝重臣，出身簪缨世家，他是乾隆朝中上层汉臣执政最久者，对同在军机处的和珅极度反感。其书法风格近于董其昌，奉旨敕书《华严经》宝塔。曾任《四库全书》总裁。于敏中著有《浙程备览》《临清纪略》等。

儒士风雅
——中华文化传承的力量

　　戴震主张实事求是、不主一家之言，也并不崇尚博览，而强调专精，他在文字、音韵、训诂及地理、数学等方面，都以断制精审而著称，取得了超越前人的成就。他所校的《水经注》①解决了长期以来经文、注文混淆的问题，从《永乐大典》②中辑出的几部古代算经，经其校订，使中国古代数学成就得到了进一步阐发。戴震所提出的"故训、音声恒相因""因声而知义"等训诂学主张，对于清代训诂学的发展影响深远。他提出"志乎闻道"的为学宗旨，主张寓义理于考证。戴震的哲学思想集中在《孟子字义疏证》中，他认为，所谓善，是自然的规律，也是社会的法则，又是人的道德，具体来说就是仁、义、礼、智。仁义礼智是和自然界的条理秩序相呼应的，这就是戴震的性善说。在表象上，他的性善说与孟子的性善说相同，而本质又有所不同。戴震的仁义礼智的善性是从实际生活中产生的，而孟子的仁义礼智是根于心的，是与生俱来的。戴震认为，宇宙间物质（阴阳之气）有规律地不断运动、变化、发展的状态叫作仁，人类生活正常进行和不断进行发展状态也叫作仁，仁是自然界和人类社会运动和发展的总规律。戴震认为人欲的正确处理就是天理，反对宋儒的"存天理，灭人欲"主张，而肯定人的正常欲望

---

① 《水经注》是古代中国地理名著，共四十卷，作者为北魏晚期的郦道元。《水经注》因注《水经》而得名，《水经》一书约一万余字，《唐六典·注》说其"引天下之水，百三十七"。《水经注》看似为《水经》之注，实则以《水经》为纲，详细记载了一千多条大小河流及有关的历史遗迹、人物掌故、神话传说等，是中国古代最全面、最系统的综合性地理著作。该书还记录了不少碑刻墨迹和渔歌民谣，文笔绚烂，语言清丽，具有较高的文学价值。由于书中所引用的大量文献很多散失了，所以《水经注》保存了许多资料，对研究中国古代的历史、地理有很好的参考价值。

② 《永乐大典》是明永乐年间由明成祖朱棣先后命解缙、姚广孝等主持编纂的一部集中国古代典籍于大成的类书，初名《文献大成》，后明成祖亲自撰写序言并赐名《永乐大典》。全书22877卷（目录60卷，共计22937卷），11095册，约3.7亿字，汇集了古今图书七八千种。《永乐大典》内容包括经、史、子、集及天文地理、阴阳医术、占卜、释藏道经、戏剧、工艺、农艺，涵盖了中华民族数千年来的知识财富。《不列颠百科全书》在"百科全书"条目中称中国明代类书《永乐大典》为"世界有史以来最大的百科全书"。《永乐大典》已经成为中国文化的一个重要符号。

的合理性，主张正确理解的个人利益是道德的基础。

戴震在文学、诗词、音韵等领域都深有研究，尤精于考据学、文献学、校勘学，堪称一代通儒。他创立了"古音九类二十五部"之说和"阴阳入对转"理论，也是徽州朴学的集大成者。乾隆四十二年（1777）殁于北京崇文门。戴震卒后，其小学，由学生高邮王念孙、金坛段玉裁传承；测算之学，由学生曲阜孔广森传承；典章制度之学，由学生兴华任大椿传承。

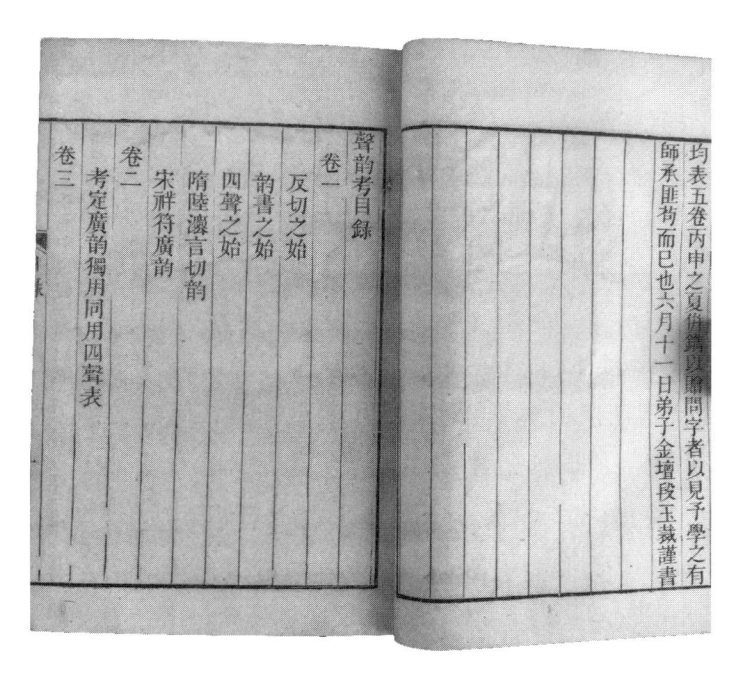

戴震所著的《声韵考》目录（清刻本）

34
章学诚

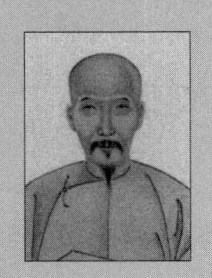

　　章学诚（1738—1801），字实斋，号少岩，会稽（今浙江省绍兴市）人，清代史学家、思想家。

　　乾隆三年（1738），章学诚出生于浙江绍兴府会稽县。其父章镳勤于治学，对其子循循善诱。然而，章学诚幼时不但多病，且资质鲁钝，记忆力尤差，每日诵读百字都难，也常于病中停止学业，年仅14岁就娶妻，当时"四书"的学习仍未完成。

　　乾隆十六年（1751），14岁的章学诚随父母至父亲受任的湖北应城生活，尽管父亲为他延请擅长举业的老师，可是他不擅长应举文章，偏偏喜欢史学，且泛览群书。他虽然史学基本功很差，可是却自命有治史学的才能。乾隆二十一年，章镳因故被罢官，此后，章学诚辗转于湖北应城、天门两县，在书院主讲长达十余年。由于家境缘故，年纪渐长的章学诚终于知道了人世的艰难，于是不得不又走上科举考试的道路。乾隆二十五年，章学诚第一次赴京师应顺天府乡试，落第而归。隔年再赴，又名落孙山，于是就学于国子监，由于资质鲁钝，考试常居下等，受尽同学们的讥笑。28岁时，章学诚在京师大学士朱筠门下学习，在此得以尽览老师的丰富藏书，学业大进，学术上也渐渐有自己的独到见解。章学诚于乾隆二十九年参与《天门县志》的编纂，还提出关于修志的具体意见，可以看出，他首先在编修方志的领域有了

较高的学术造诣。

乾隆三十二年（1767）秋，章学诚曾打算放弃一切学术研究，投身到科举事业中去，但迫于生计，不得不接受修撰《国子监志》的工作。此后，生活重担越发沉重。数年之后，他对志局的排挤和打击忍无可忍，离开志局。离开之时，在给一向关心和器重他的老师朱春浦先生的一封信中，他表达了自己的志向，初步设想要编纂《文史通义》。此后，乾隆三十七年，章学诚开始撰写《文史通义》，此后20多年从未中断，其间，他应聘参加许多地方志和《湖北通志》的修订。

乾隆三十八年（1773）夏，章学诚参与编修《和州志》期间再一次与戴震相遇。而第一次他们相遇是在8年前，当时戴震已经是名闻天下的一流学者、经学考据大师，在哲学上也是有创见的思想家，而章学诚那时学识未深，对戴震的治学教诲"所以明道者词也，所以成词者字也。由字以通其词，由词以通其道，必有渐"感到矛盾和彷徨。而这次相遇，他们就方志义例问题进行了面对面的辩论。戴震将考据学方法推及修志，主张方志应以考核地理沿革为务。章学诚批驳了此观点，指出方志应为一方之史，并非单纯的地理书，认为"考古固宜详慎，不得已而势不两全，无宁重文献而轻沿革耳"。他还提出了修志并非是显示表面的好看，而是发挥它的实用效果。这次见面辩论后，他一扫原来的彷徨，自信大大增强，不再趋从于考据学风，开始走自己的治学道路。

乾隆四十二年（1777），章学诚任定州定武书院主讲。其间，应永清县知县、挚友周震荣之聘编修《永清县志》。不料，此时的章学诚时来运转，在顺天府乡试中举，次年中进士。可是他自认为性情迂腐，不具备做官的素质，因而始终未入仕，仍然过着漂泊客游的生活，穷困潦倒、十分困苦。出于生计，章学诚先后在肥乡县清漳书院、永平县敬胜书院、保定的莲池书院任主讲。

乾隆五十二年（1787）冬，章学诚受到河南巡抚毕沅厚遇，毕沅于乾隆五十三年初开局编辑《史籍考》，聘任章学诚主持，此次编辑《史籍考》，依

傍毕沅作为巡抚的人力、物力，著名学者洪亮吉、孙星衍、武亿等人都被邀请参与。除主持编辑《史籍考》外，章学诚还主讲于归德府（今河南商丘）文正书院，并乘暇重新修订了《校雠通义》一书。乾隆五十四年（1789）秋，章学诚应亳州知州裴振之邀编修《亳州志》，次年二月书成，他自己对《亳州志》十分满意。从此，他确立了方志应立"三书"的体例，即"志、掌故、文征"各成一书，相互辅佐。"志"的部分体现作者的别出心裁，"掌故"收编一方典章，"文征"汇集一方文献，从而解决了方志学术性与资料性的矛盾，此时章学诚的方志理论基本成熟。《亳州志》修成后，章学诚离开亳州赴武昌，受聘于毕沅继续编辑《史籍考》，并参与了毕沅《续资治通鉴》的编纂。从乾隆五十五年至乾隆五十七年，他的《答客问》《史德》《方志立三书议》《书教》等相继而成，标志着章学诚的史学理论体系完成，成为中国方志学奠基人。

　　章学诚主张经世致用，提出了"六经皆史"的观点。他所著《文史通义》是研究近代文学所必读书籍，这是一部讲文学及史学的通论。他的"六经皆史"就是说古代的经学实实在在就是史学，这使得他治经治史都有自己的特色，从而奠定了他在清代史学上的重要地位，也被誉为中国古典史学的终结者。章学诚的哲学思想主要表现在对"道""器"关系的论述中，主张"道器合一"，提出了"即器即道"的认识论，认为从"求道"上看，治学的目的是"君子即器以明道，将以立乎其大也"；从"即器"上看，治学的方式是"学于形下之器而自达于形上之道。"

　　嘉庆五年（1800），章学诚因眼病导致失明。次年十一月，章学诚逝世。

35
辜鸿铭

辜鸿铭（1857—1928），名汤生，字鸿铭，祖籍福建惠安县。他学贯中西，号称"清末怪杰"，精通英、法、德、拉丁、希腊、马来西亚等多种语言，获13个博士学位，是清朝精通西洋科学、语言兼及东方文化的中国第一人。

1857年，辜鸿铭生于南洋马来半岛西北的槟榔屿（马来西亚的槟城州）一个英国人的橡胶园内。他祖辈由中国福建泉州府惠安县迁居南洋，积下丰厚的财产和崇高的声望。父亲辜紫云，是英国人经营的橡胶园总管，母亲是金发碧眼的西洋人。没有子女的橡胶园主布朗先生也非常喜欢他，将他收入义子。辜鸿铭自幼便对语言有出奇的理解力和记忆力，少年时他便阅读莎士比亚、培根等人的作品。

1867年，布朗夫妇返回英国，把10岁的辜鸿铭也带到英国，让他见识了当时最强大的西方帝国。1870年，13岁的辜鸿铭到德国学习科学，后回到英国，以优异成绩被著名的爱丁堡大学录取，得到作为著名作家、历史学家、哲学家的校长卡莱尔的赏识。在1877年获得文学硕士学位后，又赴德国莱比锡大学等著名学府研究文学、哲学，并获得文学、哲学、理学、神学等领域共13个博士学位，能熟练操作9种语言。1880年，辜鸿铭结束14年

儒士风雅
——中华文化传承的力量

的求学历程返回马来西亚槟城，次年，偶遇学者马建忠①，学识渊博的马建忠为他讲述中国的文物典籍，剖析博大精深的中华文化，唤醒了他内心深处的中国情结。倾谈三日后，他思想发生激烈变化，随即辞去殖民政府职务，学习中国文化，从衣食住行各方面进行中国化的调整。1882年，他转往香港，在那里住了三四年，继续学习中文，闭门苦读经史子集，期间还专门到上海拜师学习古籍经典。经过几年的认真学习钻研，辜鸿铭进步神速，中文已有相当基础，但还无法参透深奥的古代典籍，谈不上把握中国传统文化的精髓。1883年，他在英文报纸《字林西报》上发表题为"中国学"的文章，开始了宣扬中国文化的道路。1885年，辜鸿铭回到中国，被湖广总督张之洞委任为"洋文案"（即外文秘书）。张之洞实施新政、编练新军，也很重视高等教育。在传统文化氛围极浓的张府，聚集着一批国学根底深厚的幕僚，张之洞本人也是个旧学造诣很高的学者，辜鸿铭充分利用这一有利条件，认真请教。辜鸿铭一边帮助张之洞统筹洋务，一边精研国学，自号"汉滨读易者"。从1901年至1905年，辜鸿铭分五次发表了172则《中国札记》，反复强调东方文明的价值。1915年，蔡元培②执掌北大，提出了"循思想自由原则，取兼容并包主义"的用人主张，辜鸿铭被聘请为英国文学教授。这一年，他的《春秋大义》出版，他以理想主义的热情向世界展示中国文化，对西方文明进行了相应的批判。《春秋大义》德文版在德国引起巨大的轰动。他从查中国字典、读《论语》开始，二十年勤学不辍，博览经史。一直浸淫于儒

---

① 马建忠（1845—1900），别名乾，学名斯才，字眉叔，江苏丹徒（今江苏省镇江市）人，是《文献通考》作者马端临第二十世孙，清末学者、外交家。太平军进军江南时，随家徙居上海。第二次鸦片战争后，因愤外患日深，开始研习西学。主要著作有《适可斋记言记行》，另有《文通》（通称《马氏文通》）十卷，以拉丁文法研究汉文经籍的语言结构规律，为中国第一部较系统的语法著作。

② 蔡元培（1868—1940），字鹤卿，又字仲申、民友、孑民，乳名阿培，并曾化名蔡振、周子余，浙江绍兴府山阴县（今浙江省绍兴市）人，清光绪进士，教育家、革命家、政治家、民主进步人士，国民党中央执委、国民政府委员兼监察院院长，中华民国首任教育总长，国民党四大元老之一。

家学说的研究,逐渐使他对儒家经典有了自己独到的见解,最终成为一代儒学大师。

  辜鸿铭的一生对儒学的重要性或者说对儒学的贡献主要在于让西方人了解中国的孔孟哲学和精神道义,对儒学在西方的传播起到了很好的推动作用。早期,来华的外国传教士和汉学家也曾把《诗经》《易经》《论语》《老子》[①]等中国古代文化经典译成多种文字传到欧美,但由于语言、文化、思维方式等方面存在巨大差异,根本无法从整体上体现中国文化的精妙之处。辜鸿铭认为,这些传教士和汉学家歪曲了儒家经典的原义,导致西方人对中国人及中国文明产生了偏见,正是为了清除这些影响,他决定自己翻译儒家经典。1898年,他的第一本儒家经典译著《论语》在上海出版。1906年,他又推出第二本译著《中庸》。后来他又翻译了《大学》,但是没有正式出版。辜鸿铭所译的《论语》《中庸》等较之以前的西方人士所译本有了本质的变化,是儒家经典西译史上一个重要里程碑。辜鸿铭翻译儒经最突出的特点是"意译法",即采用"动态对等"的方法,使译文在表达思想方面起到了与原文相同的作用;辜鸿铭翻译儒家经典的另一个特点是引用西方人所熟知的文学名人如歌德、卡莱尔、阿诺德、莎士比亚等思想家的话来注释某些经文,这在儒家经典的翻译史上尚属首次,容易引起西方读者的共鸣,这对西方读者理解中国文化具有重要意义;辜鸿铭翻译的第三特点即是"以诗译诗",即把《论语》《中庸》等著作中诗歌片段同样用诗歌的形式表现出来,由于他精通

---

① 老子,姓李名耳,字聃,又字伯阳,谥伯阳,春秋末期人,生卒年不详,籍贯也多有争议,《史记》等记载老子出生于陈国。中国古代思想家、哲学家、文学家和史学家,道家学派创始人和主要代表人物,与庄子并称"老庄"。后被道教尊为始祖,称"太上老君"。在唐朝,被追认为李姓始祖。老子以博学而闻名,孔子曾入周向他问礼。春秋末年,天下大乱,老子欲弃官归隐,遂骑青牛西行。到灵宝函谷关时,受关令尹喜之请著《道德经》。老子思想对中国哲学发展具有深刻影响,其思想核心是朴素的辩证法。在政治上,主张无为而治、不言之教。在权术上,讲究物极必反之理。在修身方面,讲究虚心实腹、不与人争的修持,是道家性命双修的始祖。老子传世作品《道德经》(又称《老子》),是全球文字出版发行量最大的著作之一。老子是世界百位历史名人之一。

中英文，翻译取得了极大成功。当然，辜鸿铭的译经有些地方也遭到一部分人的批评，主要在于过分意译，从而增添了自己理解下的许多原文中没有的内容。

辜鸿铭认为，中国的儒家思想便是孔孟之道，是中国的良民宗教，其精华部分便是义和礼，和欧洲宗教教义有所不同，欧洲宗教是教化人们做一个好人，而中国儒家则要人们做一个识礼的好人，基督教教人爱人，孔孟则教人爱人以礼。辜鸿铭对近代西方学者关于儒学非哲学亦非宗教观点进行回应，他提出"儒学既是哲学也是宗教"的观点予以反驳。他认为儒学中的"皇权信仰"与"祖先崇拜"为中国人带来的安全感和永恒感是儒学被信仰的心理原因；儒学建立在遵循"人之真忄"的人性关怀基础上，是儒学被信仰的情感原因；儒学对民众道德感的培育是其取代宗教教化功能的道德原因；能以道德化维持社会良序是儒学成为统治者推崇的社会原因。

1927年，辜鸿铭从日本、台湾等地讲学回国。1928年4月，奉系军阀张宗昌聘请他任山东大学校长，未上任，月底在北京逝世。

36
梁启超

梁启超（1873—1929），字卓如，又字任甫，号任公，又号饮冰室主人。中国近代思想家、政治家、教育家、史学家、文学家，戊戌变法①（百日维新）领袖之一。

同治十二年（1873），梁启超出生于广东新会茶坑村。祖父梁维清、父亲梁宝瑛，都是当地士绅，积极参与乡政，有一定的势力和影响。4岁时，梁启超就开始跟祖父识字，接受启蒙教育，一直以来，祖父经常给他讲述"亡宋、亡明国难之事"，朗诵激动人心的诗歌篇章，这样梁启超不仅学到了

---

① 戊戌变法，又称百日维新，是晚清时期以康有为、梁启超为代表的维新派人士通过光绪帝进行倡导学习西方，提倡科学文化，改革政治、教育制度，发展农、工、商业等的资产阶级改良运动。戊戌变法从1898年6月11日开始实施。其主要内容有：改革政府机构，裁撤冗官，任用维新人士；鼓励私人兴办工矿企业；开办新式学堂培养人才，翻译西方书籍，传播新思想；创办报刊，开放言论；训练新式陆军海军；科举考试废除八股文，取消多余的衙门和无用的官职。但因变法损害到以慈禧太后为首的守旧派的利益，而遭到强烈抵制与反对。1898年9月21日，慈禧太后发动戊戌政变，光绪帝被囚，康有为、梁启超分别逃往法国、日本，谭嗣同等戊戌六君子被杀，历时103天的变法失败。戊戌变法是一次具有爱国救亡意义的变法维新运动，是中国近代史上一次重要的政治改革，也是一次思想启蒙运动，这次变法促进了思想解放，并且对思想文化的发展和促进中国近代社会的进步起了重要推动作用。

儒士风雅
——中华文化传承的力量

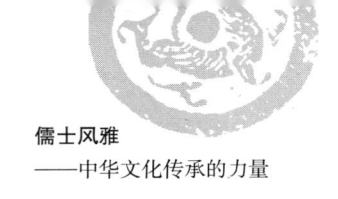

传统的文史知识，而且接受了爱国主义启蒙教育。历代杰出人物忧国忧民的风范、舍生忘死的品格和顽强不屈的精神，在他幼小的心灵中深深地扎下了根。

光绪八年（1882），梁启超年仅10岁，去广州应童子试不中。两年之后，到广州应试中秀才，补博士弟子，可谓少年登第。

光绪十一年（1885），梁启超进广州学海堂读书。学海堂为前两广总督阮元所办，"是省城专治经学之所"，梁启超在这里学习汉学。他对段玉裁及王念孙、王引之父子等汉学家注重考据、旁征博引、精研古籍的治学方法产生了浓厚的兴趣。相比之下，格式、内容都有严格要求的八股文章，却使他感到缺乏生气和枯燥无味。

光绪十五年（1889），梁启超在广州参加乡试中举，名列第八。主考官李端棻非常欣赏他的才华，于是以亲妹妹相许。光绪十六年春，梁启超赴京师参加会试，不中。回来路过上海时，接触到上海制造局翻译的一些西方书籍以及介绍世界地理情况的《瀛环志略》。这些书籍，极大开阔了梁启超的视野，从此他便对西方的政治、文化等问题产生了浓厚的兴趣。同年秋，梁启超与陈千秋认识，并通过陈千秋认识了康有为[①]。年轻的梁启超对康有为的独到见解十分钦佩，以至"一见大服，遂执业为弟子"。与康有为结识，是梁启超一生发展的重要转折，从此以后，他退出学海堂，抛弃旧学，投入康门，并且接受了康有为的改革主张和变法理论，逐渐走上了改良维新的道路。

光绪十七年（1891），梁启超、陈千秋等人请康有为在广州万木草堂讲学。康有为强调"逆乎常纬"，希望独辟新路。其讲学内容和教学方法，都与传统规矩有所不同，大体上"以孔学、佛学、宋明学（陆王心学）为体，以史学、西学为用"，也十分愿意讲列强压迫、世界大势以及汉唐政治、两

---

① 康有为（1858—1927），原名祖诒，字广厦，号长素，广东省广州府南海县丹灶苏村人，人称康南海，中国晚清时期重要的政治家、思想家、教育家，资产阶级改良主义的代表人物。

宋政治。"每讲一学，论一事，必上下古今，以究其沿革得失，并引欧、美事例以作比较证明"。梁启超除听讲外，还要自己读书，写笔记。当时入草堂，第一部书就是读《公羊传》，接着读《春秋繁露》。在此期间，他还协助康有为编写《新学伪经考》《孔子改制考》这样的重要著作，从而成为康有为的高足弟子和得力助手。

光绪二十一年（1895）春，梁启超和康有为一起入京参加会试，当时正值清廷与日本侵略者签订丧权辱国的《马关条约》①。消息一出，群情愤慨。于是梁启超受康有为之命，"鼓动各省，并先鼓动粤中公车，上折拒和议"。四月初八日，康有为、梁启超发动了著名的"公车上书"，邀集1000余名举人联名上书清廷，要求拒和、迁都、实行变法，从而揭开了"维新运动"的序幕。梁启超作为康有为的重要助手，不仅协助组织会议，联络人士，而且还撰文誊录，起草奏书，发挥了突出的作用。

光绪二十二年（1896），黄遵宪、汪康年等人在上海筹办《时务报》，梁启超应邀前往主持笔政。主编《时务报》时期，他以新颖犀利的议论和通俗流畅的文字，写出了《变法通议》《论中国积弱由于防弊》等一系列文章，系统阐述维新变法理论。梁启超擅长用浅显流畅的文字来阐述重大的时事问题和深刻的道理，文章常带感情，有很强的鼓动性。他对封建专制制度的大胆抨击在当时的知识分子中间具有很强的感染力。连严复这样著名的学者也评价"任公文笔，原自畅遂。其自甲午以后，于报章文字，成绩为多，一纸风行海内，观听为之一耸"。

随着维新运动的高涨，梁启超的作用和名声也越来越大。光绪二十四年

---

① 《马关条约》是中国清朝政府和日本明治政府于1895年4月17日在日本马关（今山口县下关市）签订的不平等条约，原名《马关新约》，日本称为《下关条约》或《日清讲和条约》。《马关条约》的签署标志着甲午中日战争的结束。根据条约规定，中国割让辽东半岛（后因三国干涉而未能得逞）、台湾岛及其附属各岛屿、澎湖列岛给日本，赔偿日本2亿两白银，中国还增开沙市、重庆、苏州、杭州为商埠，并允许日本在中国的通商口岸投资办厂。

五月十五日（1898年7月3日），光绪帝召见梁启超，命令上呈所著的《变法通议》，对他大加奖励，赏六品衔，并让梁启超负责办理京师大学堂译书局事务。在"百日维新"期间，有关新政的奏折、章程，大多出自他的手笔。

戊戌变法失败以后，梁启超逃出北京，东渡日本，开始了他的流亡生活。光绪二十八年一月（1902年2月），梁启超在日本横滨创办《新民丛报》，继续宣传改良主张。他指出："中国所以不振，由于国民公德缺乏，智慧不开"，因此，"欲维新吾国，当先维新吾民"。

民国元年（1912）十月，梁启超结束了长达14年的流亡生活，从日本回国。由于他声望很高，所以回国以后受到各界的热烈欢迎。此时中华民国已经建立，他决心利用这个机会做出一番事业来。为了与国民党对抗，梁启超也积极活动合并政党，他先是组建了民主党，民国二年五月又与共和党、统一党合并为进步党，成为民国初期唯一能与国民党对抗的大党。

梁启超一生致力于中国社会的改造，为了民族强盛和国家繁荣，竭力呐喊，四处奔走，几乎付出了全部的心血。维新变法前后，他以"公羊三世说"和西方"进化论"为依据，鼓吹变法，要求维新，宣传西方科学文化，充分显露了年轻爱国志士的朝气和锐气。戊戌变法的失败，使梁启超一度认识到要救中国，必须进行一次"破坏"，他认为："历观近世各国之兴，未有不先以破坏时代者。此一定之阶级，无可逃避者也。有所顾恋，有所爱惜，终不能成。"

学术上，梁启超是近代资产阶级史学的奠基人，是20世纪前期创建我国近代史学理论的代表人物。戊戌变法失败后，他接连发表震动一时的《中国史叙论》和《新史学》，猛烈抨击封建史学，倡导"史学革命"，较系统地阐述了有关史学功用、历史哲学、治史态度和方法等一系列资产阶级史学主张。继此之后，他撰写了一系列论著，构建其资产阶级的新史学理论体系，譬如《中国历史研究法》和《中国历史研究法补编》等，这些集中反映了梁启超的史学观及其突出贡献，并产生了广泛而深远的影响。

1925年清华大学成立国学院，即"清华国学研究院"，聘请王国

维①、梁启超、陈寅恪②、赵元任③为四大导师。清华国学研究院正是由于拥有他们，创办两年后，其声望就超过了绝大多数同类学校，建立了中国学术独立的传统，后因各种原因，在1929年停办。短短4年中，国学院毕业学生近70名，其中50余人后来成为我国人文学界著名学者。

梁启超一生于"目录学"贡献卓越，代表著作有《西学书目表》，该书著录西学书籍400种，西政书籍168种，光绪二十二年（1896）成书。其他目录学著作有《西书提要》《东籍月旦》《国学入门书要目及其读法》《读书分月课程》《东原著书纂校书目考》《要籍解题及其读法》《佛经目录在中国目录学之位置》《汉书·艺文志渚子略考释》等十余种。

---

① 王国维（1877—1927），初名国桢，字静安，号观堂，浙江省海宁州（今浙江省嘉兴市海宁）人。王国维是中国近现代相交时期一位享有国际声誉的著名学者。王国维早年追求新学，接受资产阶级改良主义思想，把西方哲学、美学思想与中国古典哲学、美学相融合，形成了独特的美学思想体系，继而攻词曲戏剧，后又治史学、古文字学、考古学。1927年6月2日，王国维于颐和园中昆明湖鱼藻轩自沉。

② 陈寅恪（1890—1969），字鹤寿，江西省修水县人。中国现代集历史学家、古典文学研究家、语言学家、诗人于一身的百年难见的人物，与叶企孙、潘光旦、梅贻琦一起被列为清华大学百年历史上"四大哲人"，与吕思勉、陈垣、钱穆并称为"前辈史学四大家"。先后任教于清华大学、西南联大、香港大学、广西大学、燕京大学、中山大学等。著有《隋唐制度渊源略论稿》《唐代政治史述论稿》《元白诗笺证稿》《金明馆丛稿》《柳如是别传》《寒柳堂记梦》等。陈寅恪之父陈三立是"清末四公子"之一、著名诗人。祖父陈宝箴，曾任湖南巡抚。夫人唐篔，是台湾巡抚唐景崧的孙女。因其身出名门，而又学识过人，在清华任教时被称作"公子的公子，教授之教授"。

③ 赵元任（1892—1982），字宣仲，原籍江苏武进（今江苏省常州市）。清朝著名诗人赵翼（瓯北）后人。现代著名学者、语言学家、音乐家。赵元任是中国现代语言学先驱，被誉为"中国现代语言学之父"，同时也是中国现代音乐学之先驱，"中国科学社"的创始人之一。赵元任在语言学方面的代表作有《现代吴语的研究》《中国话的文法》《国语留声片课本》《季姬击鸡记》等，在音乐方面的代表作有《教我如何不想她》《海韵》《厦门大学校歌》等，翻译的代表作有《爱丽丝梦游仙境》等。

37

熊十力

熊十力（1885—1968），原名继智，号子真、逸翁，晚年号漆园老人。著名哲学家、思想家，被誉为近代中国新儒学开山祖师。

清光绪十一年（1885）夏历正月，熊十力出生于湖北省黄冈县（今黄冈市团风县）上巴河张家湾。自小家境贫困，7岁便为邻家放牛，闲时由父亲教以识字。光绪二十年，熊十力才进入父亲担任老师的乡塾读书，开始学习五经章句以及部分史书。他显示出超强的学习能力，曾在一天里将《三字经》倒背如流。光绪二十六年，其长兄在其父母相继去世的境况下担负起抚养弟弟的使命，并送弟至邻县圻水何昆阁门下读书。何先生见其家庭贫困，但爱其聪慧有才，便允许他免费上学，并授以晚明诸大儒先生之书。从学半年后，由于天性叛逆追求自由，加以贫困遭同学讥讽，遂辍学回家。之后，他游学乡间，经常阅读王夫之、顾宪成的书籍，有革命之志。光绪二十八年，熊十力与王汉、何自新同游江汉一带，加入武昌新军为兵卒。光绪三十一年，由兵卒考入湖北陆军小学堂。光绪三十二年，熊十力与刘子通等联合军学界有志之士，成立黄冈军学界讲学社，并由何自新介绍加入日知会。在以后数年间，曾参与武昌起义、二次护国讨袁运动。他在几年的行伍生涯中，不断自省，最终自认为并非将帅之才，开始转投身学术研究。民国七年（1918），熊十力将从民国三年起所写读书札记、书信、杂论等25篇文章合刊为《心书》自印出版。

37 熊十力

民国九年（1920），熊十力由梁漱溟①推荐赴南京支那内学院，从欧阳竟无②大师研习佛学。民国十一年，受梁漱溟等人的举荐，蔡元培邀请他为北京大学主讲佛家法相唯识论的讲师。讲授期间，他打破师生齐聚一堂的学院式教学方式，而采取像古代师生朝夕相处、自由随和的书院式教学模式，力主道德和学问并重，生活和学习一致。在主讲《唯识学概论》的过程中，逐渐开始对唯识论进行怀疑，甚至开始批评，由此开始构造自己的"新唯识论"哲学体系。民国十三年，草撰《唯识学概论》初稿。在首尾三年间，潜心苦修，创获颇丰，但生活异常艰苦。他贫困至只有一条中装长裤，常常是洗后待晾干才能出门。民国二十一年十月，《新唯识论》（文言体）由浙江省立图书馆出版，标志着蜚声中外的新唯识论哲学体系诞生。此书一面世，立刻遭到佛学界人士的群起攻击，其师欧阳竟无阅后更是痛言："灭弃圣言，唯子真为尤。"欧阳竟无大师弟子刘衡如著《破新唯识论》对熊十力其书进行系统驳斥，指斥其书"杂取中土儒道两家之义，又旁采印度外道之谈，悬揣佛法，臆当亦尔"。但与欧阳等人相反的是，蔡元培、马一浮③等人却对其书推崇备至。民国二十四年八

---

① 梁漱溟（1893—1988），原名焕鼎，字寿铭，曾用笔名寿名、瘦民、漱溟，后以漱溟行世。原籍广西桂林，生于北京。中国著名的思想家、哲学家、教育家、社会活动家、爱国人士，现代新儒家的早期代表人物之一，有"中国最后一位大儒家"之称。梁漱溟受泰州学派的影响，在中国发起过乡村建设运动，并取得可以借鉴的经验。一生著述颇丰，存有《中国文化要义》《东西文化及其哲学》《唯识述义》《中国人》《读书与做人》与《人心与人生》等。
② 欧阳渐（1871—1943），字竟无，近代著名佛学居士，江西宜黄人。欧阳竟无一生著述甚丰，晚年自编所存著作为《竟无内外学》，凡二十六种，三十余卷，均由支那内学院蜀院刻印，有金陵刻经处新版本流通。
③ 马一浮（1883—1967），幼名福田，后改名浮，字一佛，后字一浮，号湛翁，别署蠲翁、蠲叟、蠲戏老人。浙江会稽（今浙江省绍兴市）人，中国现代思想家、诗人和书法家。马一浮是引进马克思《资本论》德文版、英文版的中华第一人，与梁漱溟、熊十力合称为"现代三圣"（或"新儒家三圣"），现代新儒家的早期代表人物之一，《浙江大学校歌》的词作者，浙江大学原教授。于古代哲学、文学、佛学造诣精深，又精于书法，自成一家。曾应蔡元培邀赴北京大学任教。所著后人辑为《马一浮集》。

月三十日，中国哲学会成立，熊十力在《大公报》上发表《为哲学年会进一言》文，提出中国亟需一种新哲学。民国三十二年春，《新唯识论》（语文体）上、中、下卷全部完成，次年三月，由重庆商务印书馆出版发行。

1956年，熊十力完成《原儒》，重新发掘儒学经典和儒学史，这一巨著是他作为新儒学者的又一重要成果。继此书之后，熊十力又以超凡的毅力和速度完成了《体用论》《明心篇》《乾坤衍》等著作。

熊十力的思想成就在于开创新儒，他认为一个民族要生存下去，必须要有自己的哲学和自己的文化，他着力研究儒家学说，对传统儒学作彻底的反思，并吞吐百家，融合儒佛，自创另一思辨缜密的中国化哲学。按照儒家的思想，人的存在是以实现至善为终极目标，熊十力强调心学之"本体"不是超绝的本体，而是合天地万物于一体、将宇宙人生打成一片之整体，这样的一体之仁，可以扩充到万事万物，通过内在于人的仁心和明德之体，即人的精神生命与道德意识的运动，人的生命与宇宙大生命能够回复成一体，这中间环节是用，也即是"工夫"，工夫便是道德实践和社会实践。熊十力强调道德（或社会）践履与良知、仁心的一致，工夫与本体的一致，外王与内圣的一致。对"人"的关注扎根于熊十力思想由来已久，且贯穿其学术思想始末。尚处幼年的他曾因陈献章《禽兽说》一文而心灵激动不已。他早早就领悟了人之所以不同于禽兽不在于躯壳肉体，而在于人心与人性；人的关键不在于外在表象，而在于内心道德和精神。熊十力对人本体作用的认识逐日深化，经过周折人生后回归儒学，对"内圣"的推崇也愈发强烈。他对程朱理学有自己独特看法。他认为，程朱理学以《中庸》《易传》与《大学》相合，而以《大学》为主，提出"心静理明"，功夫全在"格物致知"；他说"余平生于宋学无甚好感，非敢薄前人，顾此等障碍不指出，孔子之道难明。两宋以来，理学之徒以尊程朱以继孔，而孔学真绝矣……宋人迂陋空虚，而以继孔自居。后之人倘有志乎儒学者，不可不戒也"。他认为：程朱理学宣扬先验的天理与道统，否定人的主观性和创造性，这与孔子追求人性发展和完善的初衷背道而驰，是对儒家思想的片面解释。

熊十力以本体论统摄宇宙论、人生论、知识论、治化论等。他认为宇宙本体不是超越人类而独在的，"吾人之真性遍为天地万物本体，天地万物之本体即是吾人真性，价值之源就在吾人心中"，因此，儒学本体论不仅讨论宇宙生化的过程和根源，尤其关怀人性及其全面发展问题，以及人存在意义、价值和功能问题。熊十力认为，具有创造世界功能的，不是不死的灵魂或超然的上帝，而是活泼的主观精神，吾人一切以自力创造，有能力，有权威，是自己和世界的主人。熊十力认为，就真理本身言，无所谓科学和玄学之分，科学有科学的领域，但科学不能解决宇宙人生的根本问题，人类如果只要科学，而不要"反己之学"，会带来许多弊病，那就是放弃了万物发展到高级的人类的内部生活，抛却了自家本有的主体性和道德人格，如果没有玄学真理，科学真理也失去了基础和依归。哲学之知和科学之知分属不同层次，在自然科学领域里，需要向外探索，以理性思维为主要方法；在玄学范围内，需要的是反省自求，起主要作用的是超乎理性思维的"觉"和"悟"。

为了以新儒学改造中国社会，熊十力改铸晚清以来随集权帝国一同走向腐朽的儒学形象，将他所倡导的新儒学与将中国一步步拖向封闭、落后及至存亡危机的旧儒学划清界限。他将"真实的孔子"与汉初以来群儒出于政治目的而树立的孔子偶像做出区别，将已异化和随意冠名的愚忠愚孝、人格不平等、专制制度等受到严重诟病的内容同孔子原儒思想区别开来，从而将孔子的形象恢复至本来面目，此为熊十力《原儒》思想的重要价值。

1966年，"文化大革命"爆发，熊十力受到冲击。1968年5月23日熊十力与世长辞。

附录：熊必成诗文选

  诗歌，实觉是神圣的东西，小时候尤甚。稍微长大后，好像又不是那么回事，觉得自己就是诗歌，也许这就叫青春年少。而后大学毕业，立即将自己浸在油盐酱醋之中，诗歌又遥远得不可触及。所以，我此次整理之前的这些所谓诗歌时，发现皆为高中和大学时期所作。说是"所作"，我至今回想不起来当时为什么"所作"。真不知道当初是在什么样的心情下写作这些诗歌，想要表达什么感情，只有让读者朋友自己体会。也许还是上面那句话：觉得自己浑身上下就是诗歌。如果有读者问什么，我亦回答不了；如果有读者非难，我亦无言以对；如果有读者能感同身受，那真是不可思议！所谓"山河不足重，重在遇知己"！

  散文，从写作的时间可以看出，除了2009年左右写的两篇之外，其余都是大学时代写的。应该说，这些散文还是非常有创作动机的。大学时代的作品几乎都是思乡之情、思亲之情以及对所谓人生之思考，掺杂着青春之迷茫、彷徨等，符合一个在外求学的青年感情。其实，无论是诗歌，还是散文，我都是很不想拿出来示人的，毕竟，那都是近30年前的涂鸦而已，可是，觉得人生真的十分短暂，在这短暂的人生当中，我们能做什么事情呢？我们能做的事情太有限了。我心想，既然这些都已经"出世"了，如果有机会，为什么不让它们见人呢？或许，有惊喜留存世间。所以，就这样做了。

附录：熊必成诗文选

流　星

（1989年）

又一颗星陨落了

在那无垠的天际

明天看星的人

是不会知道

曾经　出现过这颗星的

正如现在的他

不知道昨夜的你

是否烦恼

月泻千倾

播下的是

银灰色的相思

又是　远在他乡的祝福

你可曾明白

沐浴着爱的他

正在享受

爱你的孤独

正如你今夜

会为月圆而喜悦

儒士风雅
——中华文化传承的力量

黄 昏

（1990年）

又是一个黄昏

太阳余晖

发出暗淡的光

紫红的光

像一滩污血

有几份柔美

这却是秋天

紫红的枫叶

在秋风中摇曳

但愿　她能度过这残酷的季节

飘零而下的

是你的祝福

落在脚尖的

是你的血泪

双手虔诚地捧起

希望　能读懂生命的经纬

也许

也许她能给你永恒

关于你和她的记忆

附录：熊必成诗文选

困　惑

（1990年）

人　有生命有青春

有不想要的东西

有要不到的东西

生命

在无忧无虑中诞生

却要　在忧愁怨恨中无言消去

青春

好不残酷

为什么

不是在享受时期

而使青春徒有虚名

不可以乞求生命

却无缘无故来到

想要占有青春

却若即若离地消去

直面人生

或威名显赫

或臭名昭著

追求青春

或不甘孤独

儒士风雅
——中华文化传承的力量

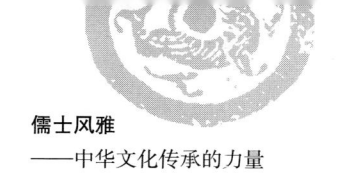

或只有孤独
这就是人生历程
茫茫宇宙
并不与众不同的人
又能怨谁

附录：熊必成诗文选

夜

（1990年）

孤单的夜
阳台上
无奈的思绪在飘忽
抬头看
那繁星密布的天穹
扑面涌来的
是无数多情的眼睛
突然觉得
心头从未如此欢畅过

敞开心扉吧
不要再把秘密保留
倾诉于快乐的眼睛
从此
永不迷惘

儒士风雅
——中华文化传承的力量

星 星

（1990年）

无边的夜

点燃一支烟

好有一个作伴的

透过吐出的浓烟看窗子

窗子里的万家灯火

苦恼快乐都在灯火中

摇曳

不需再去揣测

万家灯火融有

多少痛苦与幸福

且来享受

这纯洁美丽的夜

星星

光亮而又暗淡

鲜明地对比着

哦 那颗 那颗

最暗的

一定是我

附录：熊必成诗文选

发出暗淡
却不屈的光芒
把盲人般的黑暗
紧紧逼迫

它没有启明星的光芒
却有微弱的美丽光环
把它紧紧环绕
催人默默向上

记 忆

（1991 年）

是无视的尴尬
还是　无理的疏忽
也许是故意
在不该走的时候走了
在不该来的时候来了

不敢问
把凝固了的微笑
留给明天
是否还是微笑
或许是悲哀
慌忙中
不可能活得潇洒

记忆的窗帘
徐徐拉开
窥见的
只有孤独
倔强的孤独
还是关了的好
外面　有的是欢笑

附录：熊必成诗文选

不是悲秋
愁自难禁
坠在心里的
是黄昏
还有那
飞扬的飘雪

雪满天飘忽
多少个冬天
无息地过去
耀眼的一瞬
难把故乡呈现

记忆中的家乡
又在升起一缕炊烟
等着　归家的孩子

如果　这不是一个梦境
春天的桃花该开了

儒士风雅
——中华文化传承的力量

海

（1991年）

没看过海
多想去那海边的沙滩
只拾一个别人忽略的贝壳
以珍藏
对海的情思
你的爱真挚
并不浪漫
海风海浪海滩

听说过海的博爱
海能给人以生存的启迪
别人都说
不信　你去看看吧
多想得到海的恩赐

看海的人回来了
只拣了一个普通的贝壳
不料　灿烂的阳光
却把它击得粉碎
贝壳碎了
可心中永远珍藏
海浪汹涌拍击海岸
浪花飞舞

附录：熊必成诗文选

朋　友

（1991年）

你知道吗
这条路不朽
你走的时候
路很短
来时
却会很长很长

路上的一切
是那么光辉而灿烂
小草上滚动的露珠
映射出
五颜六色的时光
高大庄严的梧桐
是沉默的等待
小溪
带去忠诚的守候
白云
载着渴盼的心
追逐到天涯

朋友
不要一顾一回头

儒士风雅
——中华文化传承的力量

那会把假坚强

暴露无遗

泪是不会有的

只有扭头

回奔

让那别后的重逢

同你

一道平安归来

附录：熊必成诗文选

诱　惑

（1992年）

总有一股诱惑
满溢在目光
幸福的光辉
不甘心悄然隐退

抿嘴微微一笑
像小草轻轻点头
把快乐盛情款待

不要离得太近
无论如何
也不会漏去
显示本身

自己在意的光阴
总有特别的颜色
在没有人的地方
表现　别人遗忘的自己

儒士风雅
——中华文化传承的力量

远　方

（1992年）

别怨我去远方
带着你的目光流浪

树底下的槐花香
化为笛声
在记忆中悠扬

童年的歌已没有模样
只是那纤夫的号子
在沉重的烟雾里
向我飞翔
把顶礼膜拜的鼓
一次又一次地叩响

附录：熊必成诗文选

春　天

（1992 年）

既然热爱春天
那就跨一步向前
跳上憧憬的视线
从绿的光影跳出的
是亮丽的生命

不要埋怨
春之妩媚
经不起的诱惑
是最好的情诗
情绪　从这里升华
舞台　从这里消失

走出窄门
迈向沸腾的广场
让人们了解
你的意图
这个世界
是最好的去处

门

（1992年）

推开这扇门
脆弱面对
往昔的天真

你是一个
游玩的孩子
却不曾逃离过
门的一张一合
蓝色的角落
是否还有
你的摇篮

曾经无意
跨出的门
估计没想到
再进的机会
却是如此难得

附录：熊必成诗文选

遗憾的是
悄悄离开的时候
火热的心
由于温暖地过分奢求
融释在
茫茫天际

儒士风雅
——中华文化传承的力量

当音乐止于林梢

（1993年）

当音乐止于林梢

风栖于发丝

顿悟

生命的悲哀

是无休止的延伸

那轮令人心碎

美丽绝伦

飞旋于雨天暮霭的夕阳

并不是任何事物的本质

非理性的表象啊

为什么

把我如此简单地俘虏

不过　错觉虚幻的光影里

没有任何力量

让我对夕阳跪下

万物是存在先于本质

抑或人是万物的本质

可是冬雨的哀伤啊

纵然泪流满面像暴风雨

也无法涤荡心灵的污垢

面容的血管

附录：熊必成诗文选

已愤怒地崩裂
渗出的紫血
再也不敢相认
萍水相逢的路人
这轮匆匆离去的夕阳
原来我们都是看客
你我将擦肩而过
其实并没有一丝哀愁
谁让我有感官和触觉
意识的真实性
是多么值得怀疑啊
证据　　只能显示虚伪与诈骗

几度春花红
几度夕阳沉
南国的景致呢
为什么日夜企盼
倦怠的流浪啊
流到何时
恨到何时
从此将永不返回
这到处充满蚁穴的堤岸

儒士风雅
——中华文化传承的力量

任多少诱惑在呐喊
任圣洁的绿波将我淹没
啊　南方是河
浩浩荡荡的渴盼
也是一桩稍纵即逝的风云
北方是岸
稠密如林的思念
就是一滴
正在升腾的绿波
无形的逃遁后
便化成一腔正气
总不明白　这是存在还是虚无
是瞬间还是永恒
那就让我拥抱虚无
不听人间的尖刻与浅薄

将来已经过去
现在客体的印象
不会有下结论的依据
静待黑夜的来临
玄色青青
星月清清　潸然泪下
当一切污秽
消失于视线之外
便有了最本质的自我

附录：熊必成诗文选

把一切冲动和欲望扼杀
纯洁得像初生的婴儿
无处不适
晶莹剔透的泪珠啊
是前生前世
转载着的凄美的故事
五颜六色的花瓣
又何足比拟
只是经不起蝴蝶的薄翼一振
便碎失在空濛的迷雾
别怪我撇下孤独的你　去流浪
为的是一个神话
人间本没有神话　值得创造
每份真诚的所得所失
足以让人类脆弱的神经　别开生死
去完成一个悲凄的故事
叙述人间的美丽

风扯着头发　追逐我
我又在追求什么
冥冥天地间
本没有欢娱
拥有的痛苦　在于失去
追求的苦难　在于所获
诱惑与陷阱

儒士风雅
——中华文化传承的力量

总归是要识破的
深渊在前
跳与不跳
没有区别
天边的彩虹啊　你的沉落
我的目光应转向何处
眼里的憧憬向来这样虚幻
真悔不该有那样急切的心情
去窥探不会存在的一切

是的　将来已经过去
现在又翩然而至
我又失却自由
幻想的自由
自由的幻想
迷失灵魂后已粉身碎骨
一缕缕青烟啊　直直地挣扎
是否　善良逃得过残酷的煽动
那股叮咚的清泉
是否
仍有回旋山间的余音
那丛娇艳的杜鹃
是否
仍有映红山野的光芒
紫红的玫瑰啊

附录：熊必成诗文选

哀求你不要因我的目光逃避
失却最后一缕香魂
再也不要有任何眷恋奢望
悲剧的层出不穷
已使其失去魅力
瞬间的辉煌
希望　不会去记忆一生一世
跨过的每一步脚印粗糙
令人不堪回首
何时又埋怨过光明
是否　填满了其间的深浅不一

横亘面前的青山
轮廓直逼眼眸
那么只有迎上去
把深邃饱吮
充填绝望后的脆弱
可是怎么没有力量
让我抬起双腿
已经没有了思虑
已经没有了留恋
水仙在溺爱中死去
昙花也在闭眼的一瞬间
轻轻扇着眼眸匆匆离去
难道　只是为了不愿看到

儒士风雅
——中华文化传承的力量

面前的彩蝶

在残忍的乌云下离去

可是这旋刻的平静

怎么能掩饰狂乱的心

跌宕在寸肠之间

失落于翻飞的彩翼之下

跨过去啊　跨过去

青山奈我何

力量来自　热血激情

力量来自　雷鸣电闪

力量来自　暴风骤雨

力量来自　拈花微笑

逃离这里的喧嚣

逃避这里的滚滚红尘

走进另一个朴素的大自然

那里可以休息睡眠

那里没有风花雪月

那里没有日月星辰

那里没有舞台戏剧

也没有情绪

更没有人生

附录：熊必成诗文选

阳　光

（1993年）

阳光丝丝

在引诱那一道缝隙的

心扉

不知不觉

就这样　闯进了心事的迷茫

这座大森林啊

真想把你开发得像我梦见过的

美丽绝伦的花园

让我的爱

永远地在此徜徉

须紧紧握住

生命给我的铁锹

去开拓　属于自己的每一座森林

那梦中的花园

是我的目标

为了让刹那间的风景

永恒地悬挂在阳光下

儒士风雅
——中华文化传承的力量

从今
自觉地走出迷茫的困惑
去拥抱生活中
每一个温馨的
细节

附录：熊必成诗文选

沉　默

（1993年）

别炫耀你的青苹果乐园
我的辉煌之黑色
会让你惊讶
不信你看看我的眼睛

别炫耀你的坚定
我的七彩的沉默
是世界上最硬的美丽
寂寞时我更寂寞
欢乐时我更欢乐

不敢用伤口说话　沉默
不敢放开拥抱的手　沉默
沉默中　热烈的梦翻滚而来
沉默中　灿烂的灵感闪耀而来

沉默不是冷漠
沉默不是死亡
视点的沉默是美
真诚的沉默是爱

儒士风雅
——中华文化传承的力量

岩浆的沉默是山
农夫的沉默是粮
帝王的沉默是历史

苦是离情的沉默
甜是欢聚的沉默

沉默中没有灭亡
沉默中只有孕育

附录：熊必成诗文选

你是一棵树

（1994年）

你是一棵树
一棵年轻的生命
宇宙
有你一席之地
你把根植于深厚的大地
把顶伸向那深邃的苍穹
贪婪吮吸自然界的
阳光和雨露

你让自己的枝干自由伸展
让你的快意
去感受风的问候和祝福
还有那古人点化过的阳光
让你永远年轻
嘿　蓝天白云
羡慕你的微笑
给你捎去
那遥远天涯的生命以祝福
和你遥相呼应
成就大自然的完美

风吹雨打

儒士风雅
——中华文化传承的力量

不会动摇你的等待与希冀

母亲的乳汁

给你强壮的躯体

自然的神明

给你伟大的智慧

让你在自然界茁壮成长

潇洒飘逸

这本来就是你的本性

清风来助你

为宇宙增添一份舒畅快意

附录：熊必成诗文选

生命就是自然的永恒

从苍茫中走来，就这样落入了生命的圈套。尼采说：生命是没有实质的。生命本来就没有有意义的背景。是的，生命的意义不就是追求生命的意义吗？追求就是创造，如果没有创造，这个世界将黯然无色。

什么是自然？什么是永恒？自然就是永恒，永恒就是自然。如果曾经出现，哪怕是昙花一现，也是永恒，因为自然瞬息万变；在自然中永恒，这便是生命意义之所在。

生命无所谓成功失败。只有一次生命，没有比较，哪有失败与成功之别？重要的是，要智慧地面对自己，认识自己，教自己去完成意愿，哪怕这是一个极其平常的普通意愿，最终你会微笑着说：我很幸运！

生命的意义不是占有，虽然极其强烈的占有欲真诚地表达了自己热烈的爱，然而，最终你会两手空空离开这个世界，就像你非常热爱生命，岁月终究会把你拖离生命一样。这是生命的苦痛，越是热爱生命，便会越发显得痛苦，因为你肯定生命的同时，又看到了生命的悲剧。

能占有什么呢？或许只有那瞬间光阴中的一抹不切实际的幻想。其过程中，路过的每一个诱惑，不过是随手摘下来就溃烂的果子。而最后的憧憬，却在眼前闪烁。一介红尘怎跑得过一个饥渴的心灵，憧憬即使到手，也许马上变了颜色，那么，该愧疚的就沉默吧，不该愧疚的任它随风而去，是浪漫亦是真实，是随意亦是选择。

自然充满选择，可以选择自己的哭笑，欢乐则手之舞之足之蹈之，愤懑则心之悲之恨之，都未尝不可。一粒成功则高唱"吾辈岂是蓬蒿人"，不名一文则以"身外之物"视之。

然而，人们又为什么慌张？是身后犀利的目光？是未来温柔的期盼？沉重的黑夜里，希望站在白昼之中；声音沙哑时，希望一呼百应。其实，本不该有这么多思虑。人生的过程中，只要认真地选择，只要用心去创造，都是热爱生活，都是自然，都是永恒！

我对生命的意义的认识是：用自己一生的体验，去印证生命的自然和永恒。

（1992年）

附录：熊必成诗文选

生命四季

春天就在周围，仍有一股生机在每个人的心中荡漾。春天的空气喜气洋洋，我轻松地抬起脚踏了出去。

南方的春天在心中是无可比拟的。烟花三月，莺飞草长，红花胜火，水绿如蓝。记得最清楚的是中学时去春游，目的地是"梦山"，一路上欢歌笑语。"向梦娘娘求梦，有求必应"，然而到梦山后，最令人感动的是那漫山遍野的映山红。小小的映山红，还有竹林中青翠欲滴的绿竹，让人流连忘返。那时候便觉得，祖国的河山真是可爱，美丽如画，从此，也便有了记忆中的春天，明白了宇宙中万事万物都是有生命的。

似水流年！久别了故乡的春天，然而，真的无法忘却小小的映山红。每当欣赏花朵时，眼前总要幻成一片花海，一片映山红。如今的北国春意盎然，花开成海，万紫千红，嫣然耀眼，让我升起了探寻北国春天的欲望，看似要把过去找回，又怕免不了一番记忆的痛楚。也许烦恼总是从欲望中来，好像世界本来就没有欢娱。拥有的痛苦在于往昔的颜色不再，是生命便会有变迁。

流年似水！如果一不小心，这个春天也就成为过去，像现在自己的漂泊，明年的春天又在哪里？且看那一簇樱花，一场风雨的洗礼，已经再也没有先前的烂漫和天真，从此，红得成熟，白得含蓄。当然，这也不失为一种

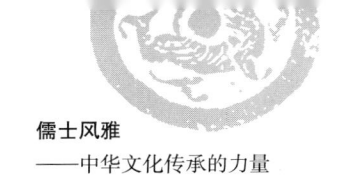

美妙，也可喻为人生的承转过渡吧，是生命便要迈开脚步。

每次感觉生活的闲适，都认为这是最快乐的一次，就像闷于痛苦时，觉得当时是最痛苦的人一样。这恐怕就是人之留恋于生活，继而永恒地赞美生命的一大原因吧。生活可以叹息，生命却是神圣的。春天就是生命开始的感觉。

城市的春总是拖拖拉拉的，永远比乡村慢那么一大拍，下午雨后初晴的春之景象，容易让人愉快地想起南方的春燕，欢快地啄着泥巴，这是南国春天的一大景观。

曾读"暮春三月，江南草长，杂花生树，群莺乱飞"，曾读"听取蛙声一片"，所谓春意闹是连午夜也不放过的。晴朗的夜空下，看着眨眼的星星，好像是和着地上蛙声一样。而弥漫袅袅升起的地气，更是为你创造仙境而来，这时的心境有陶醉式的冲动。这无负重感的时光，谁不愿意享受呢？

无法恭维"人生应该时刻责任在身"的说法。昔人"春眠不觉晓，处处闻啼鸟"是真实的。秉烛夜游的苏东坡不是好闲之辈，"偷得浮生半日闲"，春暖花开的半日尤为可贵！

如果有人问：是喜欢春天还是夏天？秋天抑或是冬日？我会说喜欢四季。春天是清丽的，五彩缤纷；夏天是激烈的，热情奔放；秋天，那片待落的秋叶，似万千脆弱的心；冬日淡淡，让我知道，人类的一切智慧都在等待和希冀之中。

春光如海，盛世如花，用心温存光阴吧，不负只有一次的生命！

（1993年）

附录:熊必成诗文选

人生如秋

窗外,"雨打梧桐响清秋",洒洒脱脱,好像告诉人们应该怎样去面对明天的生活。这样的雨夜,心绪似静非静,一耳贴窗,一耳贴枕,可胡思乱想,可什么都不想,也是最难入眠的雨夜。

南方的秋,是不会这般萧瑟的。南方的秋,是不会如此冷清的。南方的秋,往往意味着收获。咀嚼起这些,霎时,孤独的感觉会涌上心头,遥远的孤独之旅啊,何时才能停止?也许外出的不是时候,或许是离出发的港口太远。心之孤旅,有时候让人潸然泪下。长空雁叫,灰白的穹顶之下南飞雁一群又一群。

遥远的家乡,袅袅炊烟升起。成熟的经验也总在这样一个时候一点点积累,意志也总在这种时候一点一点地坚强起来。长长的灰色海岸线上,更多的人是在等待着自己的希望,把波涛汹涌的海面与宁静的港湾比较,便会觉得希冀在慢慢升华,在飞腾,东西南北,越来越高,越来越远。

人生舞台上,其实,可以依靠的东西实在太少太少,恐怕只有自己的内心,可以永恒不被骚扰,可以永远依傍。我们要做到的,就是把自己归位,充其崇高光明,照耀万物,使其深厚博大,以负载万物。最坚强最善良的人也会成为不幸的人,最虚假最丑恶而又最侥幸的人也不会无忧无虑的。自觉心是永不落的太阳,在羡慕别人的同时,谁都没有权利炫耀自己生得伟大,谁也没有权利自卑生得愚钝和卑微,但是,人们可以用过去炫耀现在,用现

儒士风雅
——中华文化传承的力量

在赌注将来。

在这通向将来的阶梯上，蓦然回首，望着身后那歪歪斜斜、深浅不一的脚印，不觉凄然一笑，希望时间永远凝固于那美好的一刹那，又渴望未来再现那逝去的美妙。当然，最重要的，还是要重新迈开不成熟的双腿。假如说人生本身就是一个过程，那么请不要回避其间的艰难困苦，只有更加苦难的未来，才有充满抗争的魅力。一个人的失败，因只会以将来赌注将来。

秋风沙沙吹过，片片枯黄的叶在空中颤抖。飘零而下，孤零零的待落的叶，在痛苦中直直挣扎。我心一紧，命运的巨网就像罩在头顶。那落蕊和残红，在有心人看来是美丽的。有美丽的悲哀，亦有美丽的憧憬。下一个轮回，是阳光给予她碎后成全。

枯叶飘忽辗转，飞贴在胸前。慌忙抓住，像要去挽救那一个正在逝去的年轻的生灵。那是一片写着沧桑的履历，那是一片注满光阴的沧海，纵横交错的经纬，诉说曾经年轻的故事，曾经翠绿，曾经成长成熟，曾经抵抗过北方的厉风，只是为了自然界的转承，接受着下一个轮回循环。

事物之存在形式远远不止一种，否则，就不会有欣赏、品尝、享受、体验，就不会有各种各样的美丽。渴望成功，追求理想，闲于快乐，闷于叹息，总归是自己的生活；把直线画曲，把圆描椭，总归是自己的心迹。虽然，不同的心境，对秋天的落叶有不同的心绪。

是的，任凭岁月的轮回，每个人都实现了童年盼着自己快快长大的愿望——纯真的愿望。就像经过热烈的夏天的追求，迎来了硕果累累的秋一样，永远不会去埋怨这份成长，虽然有时候凄凄惨惨，虽然苦恼时，也会希望时光停留于那逝去的美好瞬间，但更希望再现所要追求的辉煌，一路去体验人生之味。

秋天，有秋风萧瑟，也有金色丰收。人生如秋，失败与成功相随，眼泪与欢笑相伴，无须加以修饰，真诚所至，必有一份坦然，戚戚计较，有的只是困惑。期待的心情，支撑着人类，绵绵不息！

（1993年）

附录：熊必成诗文选

希望　执着　悲观

　　走在夏天的子夜，脚步突然停下，看着那一排排路灯，有些莫名的感伤。心潮如涌，像那被风摇曳的树影，斑驳得无从辨清它是不是存在；又像心跳跌宕，到底还是弄不清心的轨迹。

　　跨过长江，漫步黄河，是曾经的梦想，等到既定现实，又迷茫浑然。可能，想知道前进的历程，那只有静候星光隐退，好叫我继续前行。希望这条路无限地延伸下去，没有边缘，没有尽头。也就这样步履轻轻地迈下去，踱下去，一夕百年，走不到尽头。月儿淡淡，迎着风。希望的丝绪也慢慢滋长。

　　踏过了春天，不管她曾经多么有魅力，终究抵挡住了那份诱惑——或美丽或悲哀，季节在轮回，万物在生长。周国平先生曾经有过关于"只有一个人生"的思考，他说："许多年来纠缠着也连缀着我的思绪的动机始终未变，他催促我阅读和思考，激励我奋斗和追求，又规劝我及时撤退，甘于淡泊。倘要用文字表达这个时隐时现的动机，便是一个极简单的命题：只有一个人生。"

　　眼前万家灯火，祥和而美丽，那彩色的霓虹灯，是否透出生活的艰辛？那是一种闪烁，是一种变幻。地老天荒的，是记忆中此时的故乡，从不曾嫌弃，生活的赐予不曾拒绝，更无法拒绝，就像太阳给月亮的光辉一样。

儒士风雅
——中华文化传承的力量

是的，只有一个人生，这个人生必须充满希望，必须努力执着，还要超脱悲观。

仔细看来，天上的月不如街上的灯明亮。街灯毫无遮拦照亮来来往往的行人，而月亮时而被流云蒙蔽。总想趁一个空隙，仔细看看月亮的脸，她的清辉好像更增添了凉意。神话中，人们都认为月亮上住着嫦娥和吴刚，一个是女人的化身，女人是水，也是钢，因其容忍的韧性；一个是男人的化身，男人是钢，也是冰，因其脆弱的易碎。见过决断中的渺小、犹豫，坚定外表下的怯弱、推诿，亦见过温柔中的伟大、坚强，纤弱之中的承担、忍耐。

实在无意扬此抑彼，只是不能失却真实、自欺欺人。有的人为了眼前一瞬之间的舒适，憧憬就轻易地抛弃。只承认实现理想的渺茫，不是推诿，又是什么？

云是流云，淡淡而过。月光倾泻，谁能负载？唯其大地；什么能包容万物？唯有心灵。

生命只有一次，是不是这样就陷入了执着呢？有的人则苦苦追求，一生终究还是毫无收获。谁该喟然长叹呢？谁都叹息过。由己及人，由人及己，自然的统一法则，照样适用于精明的人类，大到国家的强弱，民族的兴衰，小到家族的兴旺，个人的理想，一个有血有肉的灵魂，都曾经有多多少少的思考。谋事在人，成事在天，叹息自然而然地夹杂在人类的尴尬之中，喜悦伴随着成功，有此，人还是留恋生活的，所谓生之福，死之祸，正是这种心境，毕竟，留恋的东西要比逃避的东西更有魅力，更具备吸引力，更能使你付出热情。雪莱说得好："同人生相比，帝国兴衰、王朝更迭何足挂齿！同人生相比，日月星辰的运转与归宿又算得了什么！"

随着路过一盏盏的街灯，身影一会儿缩短，一会儿又拉得长长瘦瘦，像意念一样，一会儿虚无缥缈到无极限的世界，一会儿随着星星的眨眼呆然无力。晴朗的夏夜，好像也缺乏些生机，只能在想象中，不知不觉地迈开脚步。然而，人总是不得不要面对现实的，在悲观的畸形者中，现实除了残酷还是残酷，在浪漫的乐观者看来，这个世界是一个好地方，一个极容易对付

的世界；而现实主义者总是一步一个脚印地适应生活，承认事物的正反两面，总使他能愉快地度过许多美妙的时光，悲伤也从不拒绝。我推崇后者，为什么不呢？上帝的能力亦是有界的，人更无法把无穷的欲望强加于自己。虽然每一份成功都不是人生的最终点，但暂时的知足而乐，也实在是人心理的需要，否则，哪里还会有美好的光阴呢？超脱让人幸福、快乐，不记得哪位哲人说过"超脱是悲观和执着两者激烈冲突的结果，又是两者的和解"。

我觉得，快乐在超脱又执着地追求希望的过程之中！

（1993年）

儒士风雅
——中华文化传承的力量

记　忆

　　一天过去了，将暮欲暮时分，回来了。短暂的旅行，像是在梦境中转了一个身。该说些什么呢？似乎什么都没有改变。

　　不过，还是有点特别，记忆的闸门，曾在那短暂的一瞬间迸开。无意地走在那繁华的街面上，忽然觉得有一种味道是那样的熟悉，那么亲切。是街旁饭馆做菜弥漫出的香味！搜寻记忆中的角落，父亲突然幻现在眼前，亲切和蔼地问："吃这个吗？"

　　那是很多很多年前了，父亲第一次带我去南昌城里。他就是这样在馆子店门口问我的，而我只会摇头，那时我大约十岁，小学三年级。大概是村里去过的人把南昌城描绘得太诱人了，以致我前夜一夜未睡。可这次南昌之行，我除了记得吃了根大冰棍之外，什么都不记得了。

　　时光匆忽，在父亲去世十多年的今天，站在这今非昔比的繁华街道上，咀嚼岁月的痕迹。哀愁侵袭着脆弱而敏感的神经，差点在大街上失声痛哭。十多年了，这是怎么过来的呢？如梦，却有现实历史的痕迹，母亲头发斑白，我亦是个青年了！

　　永远记得，过年，是孩子们极其盼望的。过年时，那时乡下虽穷，但家家都还是要买肉过年的，农村的家境清苦，平常油水少，过年买肉也是争着买肥肉，以便让小孩在年节里吃过瘾。吃年饭后大人都要喝酒，说是"先

附录：熊必成诗文选

吃饭后吃酒，越吃越有"，以讨"未来富有"之喜。清晰记得，父亲喝酒的时间非常长，至少要喝到我们小孩离开桌子去玩之后。刚上桌吃饭时，父亲总是把那大块大块的肥肉从萝卜中拣出，放在上面、菜盘边，然后不停地说："吃！吃！吃过瘾！"其实无须叫，小孩子们吃过瘾才肯下桌离开去玩的。当时，小孩是不懂事的，以为家家都有肉吃，以为过年吃肉是管够的。事实上不是的，父亲一直不停叫我们吃，但自己却一块都没吃，怕不够，要等我们吃得喊腻了望着肥肉瞪眼睛时，才慢慢有滋有味地吃，边吃肉边喝点米酒。要知道，父亲是特别爱吃肥肉的，也能吃许多。这些，本来我无从知晓，是母亲后来才告诉我们的。"子欲养而亲不待"，无法报答恩情，只有愧疚和懊悔。

时光荏苒，十多年过去了，父亲亦去世十多年了，可我时时感到他就站在身后，犀利的目光给人勇气，给我意志，催我进取，促我奋发。我二十岁了，拥有什么呢？是艰难困苦的二十年？抑或是快乐无忧的二十年？现在都已无须辨认。忘却所有做个快乐少年时，觉得自己是全世界最幸福的人。但很快也感觉到父亲孤独不安的眼神失去了光华，母亲的白发让我眼泪夺眶而出。是啊，至今空洞迷茫，未能建功立业，却无法在一刹那间改变。多么希望拥有一个转折点，好让愧疚少一些，以此来自我安慰。

存在不仅是为了生命的延续，后辈要不断努力去印证前辈当年欣喜的期待。抬起头，望着寂寥的夜空，让泪水纵横双颊，这样，感到从未有过的快感，悲哀的倾泻将陈旧的记忆淹没，明天应该是新的。

（1993年）

反抗虚无

月朗星稀，倚窗而立，掠过脑海的是一些伤感。有些不明白，虚无有时占据着脑海，人生似乎残酷！我不过刚刚踏上自己的旅程而已！此时沉重的心灵似乎已被禁锢。

夜，静得让人思路清晰。

是的，任时光流逝，岁月轮回，一切总是在接近死亡，可不该把它看得太近而叹事业无成，人生无味。把人生与永恒相比，人生的光彩只会荡然无存。也许多数人都一样，一路上，大小失败后，羡慕别人的同时，从不敢停止迈开那不成熟的双腿。关于人生，明朝末年著名文学评论家金圣叹的话可谓淋漓尽致，这位独特的评论家在批《西厢记》的序言中写道："自初迄今，我则不知其有几万万年月也。几万万年月皆如水逝、云卷、风驰、电掣，无不尽去，而至于今年今月而暂有我。此暂有之我，又未尝不水逝、云卷、风驰、电掣而疾去也。然而幸而犹尚暂有于此。幸而犹尚暂有于此，则我将以何等消遣而消遣之？我比者亦尝欲有所为，既而思之：且未论我之果得为与不得为，亦未论为之果得成与不得成；就使为之而果得为，乃至为之而果得成，是其所为与所成，则有不水逝、云卷、风驰、电掣而尽去耶？夫未为之而欲为，既为之而尽去；我甚矣叹欲有所为之无益也！然则我殆无所欲为也。夫我诚无所欲为，则又何不疾作水逝、云卷、风驰、电掣，顷刻尽去，而又

自以犹尚暂有为大幸甚也？甚矣，我之无法而作消遣也！细思我今日之如是无奈，彼古之人独不曾先我而如是无奈哉！"

金圣叹极其生动地描述了人生短暂使他感到无可奈何地绝望。我亦时常如此。夜幕下，银辉倾泻，天上只有一个月亮，而星星无以数计，月亮再亮，星星还是要放光的。推理开来，人生是短暂，但人生也各有趣味的，有的人轰轰烈烈，兼济天下；有的人只有一砖一瓦，默默无闻，甚至艰难穷苦，只能独善其身。重要的是体验，是星星，便是宇宙之子，每一棵生长着的树木和小草，宇宙也有一席之地，不必再为自己星光暗淡而自卑，相反，那不屈的光芒将鼓舞你前行。如果不为此感到欢欣，把失败当作魔鬼，那么，心灵便不会驻有天使，也就总会觉得魔鬼处处与你计较，能占到魔鬼什么便宜呢？即使上苍也没能让痛苦和死亡离开他的子民。

古往今来，关于人生虚无的论调从未绝迹，但好像更多的，还是从正面出发，要人执著人生，要人爱惜光阴的。其实，仔细比较就会发现，虚无主义是一条不归路，冥思苦想都绝不会有很好的结果，反而不如集中精力做好当下，无论成功还是失败，都可以说此生不虚此行。

人生是一种状态，人为状态和自然状态是互相联系的，互为影响的。要反抗虚无，要有"这世界是一个好去处"的心境，便不缺乏美好，就不觉人生无味。觉得现实无时无刻不残酷，那是因为没有想到，快乐与苦闷，都存在一种欣赏，一种品味，不堪生活的仅仅几次嘲弄，就怨天尤人，灵魂便是枯萎的。因为你是人，要苟同于世，因为你不是别人，你又不要苟同于世。君子和而不同，视线所及有限，能力所争亦有限，这就是淡泊人生，却不失真实。

月明千顷，星光亦灿，"来日方长"让人惊喜。反抗虚无，脱离虚无。

（1994 年）

我的小女儿

总想为可爱的女儿写点什么！

两个月前写了上面一句话就停下来了，是什么事情让我耽搁了这样久呢？为她取名"仪"，寓"母仪天下"之意。呵呵，我好像看见雏形了。看她天天"哇哇"大喊大叫的情形，以后要以她为荣了，欣喜之极。

快两岁了，回到家，见了她像见了宝一样（哦，岂止是宝），"爱不释手"。最近，她爱跑步了，只要喊1、2开始，就来回地跑个不停，不知疲倦；她爱起哄，动不动哇哇大叫，冲进冲出。说话时，有的话语清晰无比，有的话语，我听起来就像小动物的欢叫声。她爱给别人洗头，学着大人的样子，在头上乱弄一通，洗一下，侧着头看你一下，不给洗可不行，"难道你嫌我洗得不好吗？"

她喜欢坐跷跷板，当然是我用双腿"做"的，坐在用脚架成的跷跷板上，我用力将双脚抬起放下，她一颠一颠的，高兴极了。她喜欢溜溜板，出门必坐，一趟又一趟，两小腿蹬得飞快，永不知疲倦，上上下下，乐在其中。

她爱坐摇摇车，投币要自己投，几乎是出门必坐，坐一次是不够的，没有2至3次，不肯罢休，自得其乐在上面娴熟地转着方向盘。喜欢坐滑板车，这可真是拿手好戏，跑得飞快，转弯、急停都难不倒她。

她一看到电视里唱歌就要摇头晃脑，跟着节奏，还要拉着别人一起和她同舞、同晃。她爱站在沙发上往下跳，但也知道不能跳，不敢跳，于是，要先让人站在前面保护才跳。

总之,她爱玩一切东西,对一切都好奇,玩过之后,就用力摔得远远的,好像摔东西也是她的乐趣,我的手表被她摔坏一只。

她动不动就说:"出去玩!"不愿待在家里。她还爱打架,好像不太会吃亏哦,爬树、爬杆子、爬绳网都有份,手臂骨折过一次。

她小嘴可甜了,逢人就叫,逢人就笑。喜欢自己吃饭,到吃饭时间就大叫:"吃饭哦,宝宝喂!"这是要自己吃的意思,双手抓住往嘴里塞。她什么都爱吃,好像吃肉比大人还多,连鱼骨、肉骨都不怕,吐得干干净净。她的模仿能力极强,看见别人做什么,她一定要模仿一遍的,这个时候,只有想办法转移她的注意力才不至于误事。

她喜欢小动物,看见小动物就追,在乡下看到鸡、狗也是如此,之前更小的时候,还敢上前抓动物,现在有点不敢了。她天不怕地不怕,就怕放鞭炮,听到爆竹声就哇哇大叫往大人身上扑,有意思的是,她还经常用爆竹声吓唬自己,也吓唬别人。

她要读书,要写字,要跳绳,要搭积木,总有做不完的事,有时候也会学大人的样子,很享受似的斜躺在沙发上,装着很享受的样子。她也会抢姐姐的东西,姐姐总是让着她,还以为别人怕她呢。听我们喊姐姐的名字,她也不停地直呼其名。可能觉得叫着好玩。每次,我们都要纠正她,要求叫"姐姐",后来就不会再直呼其名了。

她总是早睡早起,上半年还七点就睡,早上五点多就起来。现在要八点睡早上六点多起床。哦,每天睡前必喝一瓶牛奶,抱着奶瓶喝完了也就睡着了。最讨厌的就是,不能受热闷,一点都不行,一下没开风扇就乱叫:"痒!痒!痒!"奇怪之人。

她总抢别人东西玩,没拿到就哭,围着别人的东西转,必玩而后快,否则不罢休。

总之,我写不完她的好奇、好玩、好动、好斗的境界。非常惭愧,我陪她的时间太少,只这次长假陪的时间较长。希望之后会争取更多时间陪她玩,望快乐成长,不负我望。

(2009年)

儒士风雅
——中华文化传承的力量

小　时　候

想起孩提时的"有山，有水，有河流"。解释一下，山是指鼻子，河流是指鼻孔，水是鼻涕。小时候，有一件非常好笑的事情，三哥小时候特别会流鼻涕，怎么弄也弄不干净，一天到晚都流着，在鼻孔进进出出，后来也就不愿擦干净了。有一天，父亲实在看不惯了，命令他自己弄干净，结果他就是不服从，气得父亲追着要揍他，于是拼命往外跑，父亲拼命在后面追。当然，我猜父亲的本意并不是执意要打他，只是吓吓而已，追得全村跑，后来不知怎么躲在奶奶家，吃完中饭才回来，而这之后，就不像以前一样流鼻涕了。奇怪！这也许就是小孩的反叛时期，叛逆心理。这件事记得这样清楚，应该是和事情本身有趣有关。

小孩可能都会有叛逆期，这个时候是比较固执的。记得最清楚的是自己叛逆期的一件事。大概小学二三年级吧，好像是为了倒垃圾一事，父亲生气推了我一把，当时，我不知道从哪里来的勇气，也许就是觉得自己有理而没有得到认同，也许就是不想听别人的，我先是默不作声，然后趁大家都没有注意的时候，溜出了家门。我根本不知道自己该往哪里去，就跑到前面房子后，沿着墙根走，深秋的傍晚时分，天黑得早，也黑得快，天气还不算太冷。当我回头看的时候，发现家里人追出来了，他们并没有清晰看见我，于是我立即闪进了一个角落，以防被发现而追上。"庆幸"没被发现，我笔直

附录：熊必成诗文选

贴着墙壁站着，听着家人怨叹的声音从我面前经过，当时好像有一种得意的感觉。之后，我一眼看见一间堆放稻草灰的屋子，就跑进去，蜷缩在一个角落。

我打算就在这里过一夜了，明天再说。任家里怎么全村找，全村喊叫，我也不愿意出来，其实父亲也实在焦急了，全村子都找遍了，又分人分线路往村外田野里去找，村外马路上找。我蜷缩在小屋间的角落里，一直能听见外面大人们商量、大声叫喊的声音，始终没有出来。其实，随着时间的推移，我也逐渐害怕起来，这时候也希望被找的。也许是少年的自尊心，也许是叛逆心理，我还是一直倔强着坚持没出来。中间过程中，母亲走到这间屋子门口，一边往里瞧一边叨念："这可怎么办呢？会到哪里去呢？快点回来吧！"小屋子里太黑，母亲看不见我，我一直屏住呼吸，就是不想被发现。

又过了一会儿，母亲却又来到这间屋子门口，这回，她带来了火柴。走到门口，划亮了一根火柴，我仍然没动，火柴熄灭得很快，像流星一闪，等划亮第二根火柴，母亲终于看见我正用期待的眼光看着她。这时，我只好乖乖地站出来拉着母亲的手回家，因为我也想回家，也饿了，也知道父亲肯定生气会揍我，但此时一点也不害怕。当然，回到家，母亲把我藏在房间里，不让父亲靠近我，因为他正大怒于形色。

写到这里，别人也许会认为父亲是一个特别凶的人。其实不然，从我记事到父亲去世，父亲从来没打骂过我们小孩，我也从没有对父亲反感过一回。而当我十岁的时候，父亲因病去世，我才知道失去了什么，也知道了原来父亲对外面的人也非常好。父亲自幼就上私塾，青少年时上新式学堂，是方圆十里的大先生，写的对联、毛笔字远近闻名。每当春节，父亲至少要写上十几天的春联，才能满足全村人的需求，甚至别的村也会拿纸来要他写。父亲喜欢和朋友一起喝酒，然而，他的地位、名誉，也丧失于他的好酒，父亲的朋友遍布各阶层，也许是因为酒！

（1992年）

儒士风雅
——中华文化传承的力量

在奋斗和追求中成长

　　落日余晖已燃得精疲力尽，逐渐枯萎、下沉，终于消失在沉沉的暮霭里。夜风袭了过来，把夜幕徐徐拉上，白昼的灿烂辉煌掩得只有记忆。人们疲倦了，蜗蜗独行于街头，这街头快要平息下去了吧！

　　街灯一直从远处细小处亮到眼前，再从身边直指身后好似无尽的夜空，身影由长而短，旋即又由短而长，从那单调的身影上踏过，每踏一步心便一旋，想回头看看，又马上把自己禁锢。我不知道在执着什么，还是把一切都放任自流。

　　本来，春之回归，冬之远逝。这是一个多么美好的季节。嫩绿的叶片，小而晶莹，粒粒有泛光流溢，随细风摇摆，和灯光揉和，一次次拥抱，一次次相融。它的随意是不以世人的扰攘而虚伪的，和谐吗？属于同一心境的幸福者。抬头窥视神秘的苍穹，这个时候，它会深邃得下一场雪么？纷纷扬扬，落在灯光里，站在嫩绿的枝头，钻进我的发丝。这个时候，我毫无斗志，任凭超然物外的虚无把我紧紧环绕。

　　突然，星星在向我靠近，向我涌来，幻成大片大片的雪花，满天飞舞，像心绪一般零乱，一样纷杂；又像无数多情的眼睛，频送秋波，惹得我惊慌失措。

　　是的，远去迷人的冬日，有些故事让人遗忘了又再想起，当记起的时候

却又不是那样的真切。有时候，看雪封的天，想单纯的世界；看结满冰壳的松枝，慰晶莹的心。回忆是不想让别人介入的，也不想让人挡住视线，情愿让雪落上眉尖，融成冰，模糊双眼，再度睁眼，还是一个只有白色的原来的世界。看见别人瑟瑟发抖，就想笑：你们是耐不住寒冷的，可是冰呢？越是奇寒，越是坚质冰凌！

快要到春意盎然、花气袭人的时节。校园草青柳绿，鲜花正妍。可我想找一条小溪，小溪一直蜿蜒远去，流出校园，流向毫无生息而干枯的沙漠，或汇入汹涌澎湃的大海。是的，也许就是想倾诉什么。停下来栖息吧，让小溪扣留在心底，归档在记忆的空格里。看那樱花烂漫，姹紫嫣红。多姿展示她的多彩，背后是纯白的云朵，在蓝天的底幕上漂游，一会儿相互重叠，旋即又擦身而过。它们不追求同步、同向、同流，各有天空，各有心思，各有追求。

冬去春来，岁月流淌，是无情？是有情？是静好？是磨蚀？但却似传说中的古代剑侠般公平公正。时空久远，滚滚红尘，历史向前、向前，然在一般人看来，好像从不曾改变。

我亦如此，好像什么都没有改变，一切都似乎仍然停驻在少年时代。幼稚的童年仍在，也不清楚明白想要什么。一会儿沉迷于佛学禅宗的直指人心、明心见性，一会儿又向往道家的清静无为、超然物外，一会儿又投身于儒学的奋发向上、自强不息，这种情况下，投射到现实生活中，我时而自强不息，时而佛系超然，也常常颓伤靡废，而终究无法彻底将心灵安稳放妥。

最后，自知成不了佛，亦无法成仙，明白了人生的意义便是天人合一的生生不息，人生的意义在生生不息及不断追求更高更远的过程中，在于追求至善至美的过程中。未来，这样的追求和奋斗将会伴随我的整个人生，直至生命的尽头！

（1995 年）

儒士风雅
——中华文化传承的力量

母　亲

　　本想在七月半（南昌祭祖时间）给母亲写点什么，一拖又是几个月了。

　　凝视着烛光里的火苗，总也舍不得移走我的思绪。是跳动的火苗在空中摇曳，还是空气的跳动让火苗摇晃。母亲的目光深邃地在桌子对面叫我不要叹息。昔时，在母亲身边，不经意将要叹息或已叹息，母亲总说"年纪轻轻的，别长吁短叹的"。可当我偶然听到母亲为儿女操劳叹息时，我又体会到了多少岁月的艰辛。今晚，又想起家乡的母亲，想起母亲远去的眉下心头的牵挂，又哪敢叹息。

　　烛苗停止摇曳尖直往上窜，浊泪涟涟。可是母亲殷切的期盼？远在异乡的我，分明听出了那声穿透时空的呼唤，此时，那涨潮的眼眸在逐渐将我淹没，神奇地抚摸着我的全身，神奇地把一尊雕像的累累伤痕抚平、抚平。如果问我有什么思虑？那便是：什么时候不再辜负母亲的寸肠牵挂？

　　母亲的坟头长满草了，墓碑前也有许多青藤蔓延。自己也不清楚怀着怎样的心情来回忆母亲。记得有几次是从梦中哭着醒来，倒不是心中充满多大的悲伤，只是感觉对她老人家有愧，此时，亦忍不住泪流满面。母亲就这样走了，永远地离开了，就在去年端午节前，不知道母亲带有多少遗憾而离去，闭眼时我却在千里之外，只能在出租车上失声痛哭。我再也见不到母亲了，母亲也再不能见到我了，无法再说说什么话了。我也无法再为母亲做点什么了，阴阳两隔，世界两重天。在守着母亲灵堂的几天里，也不知道自己做了什么，想了什么，

附录：熊必成诗文选

只是在盖棺的一瞬间，知道以后什么都见不到了。无法抑制悲痛，流泪到天明。最难是别，最苦是别，最恨是别。今朝一别，一切都别，永世都别。

出殡那天，天气突变，一整天的大雨未曾停息。我没有送母亲到"山上"（墓地），真的怕再次难以克制。我怎么能眼看着母亲黄土盖身呢？我只送到墓地旁边。大雨的滂沱似乎在说明什么。村里人说："这是老人家吃苦一辈子的天示！"我是极其相信的。

母亲出生于一九三一年六月初六，17岁嫁至鄱阳湖滨父亲家，18岁生育大姐，育四儿二女，我最小。父亲是读书人，也是家里的长子长孙，新中国成立后因文化程度高在公社当了文书（我不知道是多大的官）。土地改革时，由于父亲在公社当文书，家族并没有被判为富农或地主，但田地肯定被"土改"了的，父亲在公社任职倒也让家族风光，满足了曾祖父的心愿，也帮助了不少同村同族的人。然而，父亲生性豪迈，喜欢结交朋友，酒局甚多。父亲因喝酒遭人谗言排挤而成了劳改犯，这时，家里就靠母亲支撑了，加上与奶奶相处困难，其艰难就可想而知了。两年后父亲获释。由于不会干农活，在同学朋友的帮助下，政府让父亲负责养猪，谁知碰上猪瘟，正好又让对手落井下石，为了彻底不让他翻身，于是再次被送去劳改。其实，那时候猪瘟是年年有的，只是那个年代，有口难辩。这时父亲身边已经有六个儿女了，在那极度缺乏物资的年代，真不知道母亲是如何让我们活下来的。我那时太小，根本没有任何记忆，实在无法知晓当时的情境。我亦多次询过村里老人家，也好像说不清楚，只说父亲是个好人，帮助过很多很多穷人和有困难的人，也有很多做大官的私塾同学、朋友。父亲是村里的大先生，作田种地的活总是干不过别人，在集体生产队时，家里劳动力少，挣工分少，所以分粮少，是不够这样多的儿女吃的。不知道他们是如何熬过来的。听大姐讲她们是吃米糠熬过来的。

时光荏苒，至1980年，眼看着儿女们快长大了，对母亲来讲，快苦尽甘来的时候，父亲因病突然去世，这时的我记忆是十分清晰的。母亲就要崩溃了，又再次受到命运无情的打击，自己的生活经历完全不是其能想象的。此

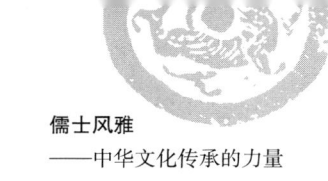

时，大哥早已结婚分家，两个姐姐也出嫁，母亲身边留下三个未成年的儿子，家里唯一的劳动力没有了，生产队分粮也粒粒可数，须借贷度日。还好不久，政府分田到户，实行家庭承包制，母亲带领我们耕种自己的田地，可怜的母亲又一次要承担不曾预料的一切。

清晰记得，母亲生病总是不去治疗的，怕花钱，能扛则扛。寒冷的冬天，母亲总是先做好早饭，生好炉火再叫我们起床，怕我们冻着。此时，三哥在父亲生病时停学了。父亲去世后家里只能允许我一个人上学了。记忆中，我当时的心情就是"不考大学，誓不罢休"！

时光飞逝，后来我考上大学，期间中考时二哥结婚，高考时三哥结婚。在别人看来，日子从此也应该好起来了，母亲也许是这样想的吧！以后的几年，母亲的日子过得还算比较安稳快乐。1995年，我刚参加工作，现在想来是比较惭愧的，好像很少顾及母亲的感受，也不清楚为母亲做了什么，应该是什么都没有做吧。刚踏入社会，我还在穷于应付，等到我分房了，带母亲来南昌住了几天。非常感谢妻子，是她提议要让老人家高兴，说母亲一年比一年年纪大，机会是难得的，她懂得尽孝要趁早，是不能等待的。于是，由她陪伴母亲在南昌的公园、动物园等转悠了几天。我知道，母亲那几天非常开心，每每讲起，总是眉飞色舞，也许是老人家人生中最安逸的光阴吧。

然而，好像一切都明晓得太晚。从南昌回乡下后第二天，母亲在凌晨洗衣服时中风了，倒在家旁边的池塘洗衣石上，可怜的母亲，之后的岁月开始手脚不便。为什么母亲的苦难总是挥之不去呢？老天太不公平！母亲中风后，我和三哥一起积极找人医治，前后三年，虽有点好转，也许是年纪大了，起色并不大，自己行动也很累，便坐在椅子上，整整十年。

树欲静而风不止，子欲养而亲不待！至今才明白，尽孝是不能等待的，母亲为我们做了许许多多，但我好像什么都没有为她做，而今，心灵无法得到安慰。

（2010年）

参考文献

1. 司马迁等,《简体字本二十四史》,北京:中华书局,1999年。

2. 李荣祥,《人之为人——以孔子之视角》,南昌:江西高校出版社,2020年。

3. 熊十力,《原儒》,上海:上海古籍出版社,2020年。

4. 王实甫著,金圣叹评点,《金圣叹评点西厢记》,上海:上海古籍出版社,2008年。

5. 吴其昌,《梁其超传》,北京:台海出版社,2019年。

6. 梁启超,《康有为传》,北京:团结出版社,2004年。

7. 钱穆,《中国学术思想史论丛》,北京:生活·读书·新知三联书店,2009年。

8. 黄明同,《陈献章评传》,南京:南京大学出版社,2011年。

9. 梁启超,《老子、孔子、墨子及其学

派》，北京：北京出版社，2014年。

10. 冯友兰，《中国哲学史》，北京：中华书局，2014年。

11. 聂茂，《天地行人——王夫之传》，北京：作家出版社，2016年。

12. 金鸿儒，《梁漱溟传》，北京：中国商业出版社，2019年。

13. 孟祥才，《孟子传》，济南：齐鲁书社，2013年。

14. 常万生，《李斯》，北京：华夏出版社，2016年。

15. 朱熹撰，金良年译，《四书章句集注》，上海：上海古籍出版社，2006年。

16. 周国平，《只有一个人生》，成都：四川大学出版社，1992年。

17. 步近智、张安奇著，《顾宪成高攀龙评传》，南京：南京大学出版社，1998年。

18. 彭达池，《周敦颐》，西安：陕西师范大学出版总社，1998年。

19. 杜崇斌，《大儒张载》，西安：西安出版社，2016年。

20. 李长之，《韩愈传》，北京：新世界出版社，2017年。

21. 谭绍江，《李翱》，西安：陕西师范大学出版总社，2017年。

22. 王水照、崔铭著，《欧阳修传》，北京：人民文学出版社，2018年。

23. 钱穆，《中国史学名著》，北京：生活·读书·新知三联书店，2013年。

24. 梁启超，《中国儒学史》，济南：山东文学出版社，2016年。

25. 权海帆，《兰台圆梦：班固传》，西安：太白文艺出版社，2018年。

26. 宁志荣，《薛瑄传》，太原：北岳文艺出版社，2017年。

27. 苏群辉，《陆九渊故事》，南昌：江西人民出版社，2015年。

28. 潘富恩，《吕祖谦》，西安：陕西师范大学出版总社，2017年。

29. 陈山榜，《颜元评传》，北京：人民教育出版社，2004年。

30. 蔡锦芳，《戴震生平与作品考论》，桂林：广西师范大学出版社，2006年。

31. 王作光，《史志巨擘：章学诚传》，北京：作者出版社，2014年。

32. 黄仁宇，《万历十五年》，北京：生活·读书·新知三联书店，1997年。

33. 李洁非，《天崩地解：黄宗羲传》，北京：作者出版社，2014年。

34. 叶贤恩，《熊十力传》，北京：团结出版社，2020年。

35. 卜耕，《理学宗师：朱熹传》，北京：作家出版社，2016 年。

36. 陆九渊著，钟哲点校，《陆九渊集》，北京：中华书局，1980 年。

37. 东方朔，《刘宗周评传》，南京：南京大学出版社，1998 年。

38. 李红霞，《许慎》，西安：陕西师范大学出版总社，2017 年。

39. （唐）杨倞注，耿芸标校，《荀子》，上海：上海古籍出版社，2014 年。

40. 钱穆，《孔子传》，北京：九州出版社，2017 年。

41. 周月亮，《心学大师王阳明》，武汉：长江文艺出版社，2012 年。

42. 秦元，《颜之推研究》，济南：齐鲁书社，2012 年。

43. 周淑萍，《郑玄》，西安：陕西师范大学出版总社，2017 年。

44. 李长之，《司马迁传》，武汉：长江文艺出版社，2019 年。

45. 马勇，《帝国设计师：董仲舒传》，北京：东方出版社，2015 年。

46. 安之忠、林锋著，《迷失的商道：吕不韦大传》，北京：当代世界出版社，2017 年。

47. 姜正成，《天下归心——周公旦》，北京：中央编译出版社，2014 年。

48. （美）麦克·罗奇著，夏理扬译，《能断金刚——超凡的经营智慧》，南昌：江西人民出版社，2013 年。

49. 华杉，《华杉讲透〈大学中庸〉》，上海：上海文艺出版社，2019 年。

50. 东方龙吟，《解读苏东坡》，南京：江苏文艺出版社，2006 年。

51. 梁启超著，高淑兰编，《梁启超说佛》，北京：九州出版社，2006 年。

52. 李敖主编，《周子通书·张载集·二程集》，天津：天津古籍出版社，2016 年。

53. 陈寅恪著，万绳楠整理，《陈寅恪魏晋南北朝史讲演录》，天津：天津人民出版社，2018 年。

54. 龚书锋、刘德麟主编，《三国·两晋·南北朝》，北京：北京联合出版公司，2012 年。

55. 程金根，《江西人的气质》，香港：华夏世界出版社，2013 年。

56. 王阳明著，叶圣陶点校，《传习录》，北京：北京时代华文书局，2014 年。

57. 陈益，《心同山河：顾炎武传》，北京：作家出版社，2014 年。

58. 许慎撰，（清）段玉裁注，黄勇译，《说文解字》，北京：中国戏剧出版社，2008 年。

59. 熊十力，《体用论：外一种》，上海：上海古籍出版社，2019 年。

60. 张洁译，《战国策》，北京：北京联合出版公司，2015 年。

61. 黄铭、曾亦译注，《春秋公羊传》，北京：中华书局，2016 年。

62. 郭齐家、顾春，《陆九渊教育思想研究》，南昌：江西教育出版社，1996 年。

63. （南宋）洪迈，《容斋随笔》，北京：中国画报出版社，2011 年。

64. 季羡林，《谈国学》，北京：华艺出版社，2007 年。

65. 范文澜，《中国通史简编》，北京：人民出版社，1965 年。

66. 游国恩等，《中国文学史》，北京：人民出版社，1963 年。

67. 任继愈，《中国哲学史》，北京：人民出版社，2010 年。

68. 杨荣国主编，《简明中国哲学史》，北京：人民出版社，1975 年。

69. 度阴山，《知行合一：王阳明》，北京：北京联合出版公司，2014 年。

70. 易中天，《中国智慧》，上海：上海文艺出版社，2010 年。

71. 易中天，《魏晋风度》，杭州：浙江文艺出版社，2015 年。

72. 司马迁原撰，臧瀚之等编，《〈史记〉故事》，北京：京华出版社，2002 年。

73. （日）冈田武彦，吴光等译，《王阳明与明末儒学》重庆：重庆出版社，2016 年。

74. 刘梦溪，《论国学》，上海：上海人民出版社，2008 年。

75. 吕思勉著，张耕华编，《学史门径详说》，北京：东方出版社，2018 年。